舊城尋路

探訪左營舊城
重現近代台灣歷史記憶

陸傳傑——著

攝影　吳志學（拍攝於 2007 年）

攝影　吳志學（拍攝於 2007 年）

攝影　吳志學（拍攝於 2007 年）

攝影　吳志學（拍攝於 2016 年）

舊城尋路

探訪左營舊城，
重現近代台灣歷史記憶

舊城尋路
探訪左營舊城，重現近代台灣歷史記憶

第1章 野望

- 九任巡檢八個死於任上
- 只剩老地名還頑強的留存了下來
- 為什麼不築城？
- 朝廷對台灣建城為何這麼不上心？
- 為《鳳山縣志》作序的四位大人

前言

觀象於天，察利於地，而疆域定焉，
固職方紀事所由始也。
鳳處台南地，由沙馬磯直接呂宋，
以內則閩、粵數省之藩籬，
以外則東南島夷之門徑。
稽其形勝，蔥鬱宏開；溯其往跡，山明水秀：
泱泱呼表海雄圖哉！
自聖化遐訖八十餘年，協氣橫流，霑濡浸潤；
幽暗胷昧，咸耀光明。
惟聲教之覃敷，徵海隅之率俾；
所為經其地域而溝封之張弛損益始此矣。

前言是《重修鳳山縣志》的開卷語，氣勢磅礴，形勢一片大好，可實際情況如何？縣志上的「官方說法」能夠提供一般讀者參考的，實在有限。所以我們就從三百年前台灣第一本紀實報導《裨海紀遊》作者郁永河的個人經歷，窺探當時鳳山縣的實際狀況吧。

一六九九年（康熙三十五年）福州火藥庫遭大火焚毀，損失五十萬餘斤由硫磺、硝石等製成的火藥，時任福建知府王仲千同知幕賓的郁永河，自動請命前往台灣北投採硫。隔年的初夏，郁永河抵達台灣府城將近兩個月，赴淡水採硫所需的資材置辦妥當，煮硫工匠招募齊全，於是郁永河向府城官員們一一辭行，準備出發北上了。

郁永河雖非身著補服頂官戴之人，可他在福建各衙署遊幕多年的資歷，還是很被府城大小官員看重。草萊初闢、生活乏味的府城官場，兩個月的飲酢酬答、詩詞唱和，郁永河和府城的大小官員都混熟了。郁永河首先辭別的是府城的重要人物、台灣最高行政長官知府靳志揚和海防同知齊體物。

靳、齊兩位大人一聽郁永河真要親身北上督辦採硫，不禁蹙額搖首，顧不得自己身分與立場，竟然勸說郁永河：「府裡的衙役一聽要到雞籠、淡水出公差，莫不悲嘆飲泣，好像讓他們走趟鬼門關似的。還有，每年春、秋兩回巡防雞、淡的水師官兵，也都以平安生還為人生一大幸事，這些年輕小伙子尚且如此，……老兄台您就留在府城，採硫之事讓下人去辦就得了……。」郁永河回說此次任務非同一般，還是不給大人添麻煩為好，辭謝了知府大人「包庇」的好意。

郁永河不識好歹、不聽勸，靳、齊兩位大人畢竟身分不同，意思到了，

■ 清代鳳山縣大致疆域範圍。圖中半屏山與壽山（昔稱打狗山、鼓山）對峙，兩山間為後來左營舊城所在。

也不好再說些甚麼了。可府城的經歷司尹復、鳳山縣的二把手典史戚嘉燦，身為郁永河的浙江老鄉，就顧不上官場禁忌了，氣急敗壞的找上郁永河，聯手阻止他北上。他們兩人也給郁永河說了兩件事希望打消他的「愚蠢行為」。

一是去年（一六九六年，康熙三十五年）鳳山縣有狀況（可能是防範在新港起事的吳球黨人向南發展），總鎮署派了一支百人隊伍到下淡水（現在的屏東萬丹、東港）一帶警戒，結果無一人生還，沒人知道到底出了甚麼狀況。

另一件是鳳山縣的衙役與四位友人結伴南下，結果也只有這名衙役得以身還。尹、戚二人說這還只是鳳山縣的下淡水，雞籠、淡水那就更不用說了……最後連「您老就別不自愛了！」之類的氣話都出口了，固執的郁永河還是不聽勸，堅持親身北上督辦採硫事宜。

之後，歷經了無數的生死考驗，郁永河終於完成採硫任務，返回福州，也為我們留下一部稀有的三百多年前台灣紀實報導《裨海紀遊》。因為《裨海紀遊》的第一手報導，我們得以了解三百年前台灣西部平原、台北盆地原汁原味的風情畫。可惜郁永河沒有南下，《裨海紀遊》沒有

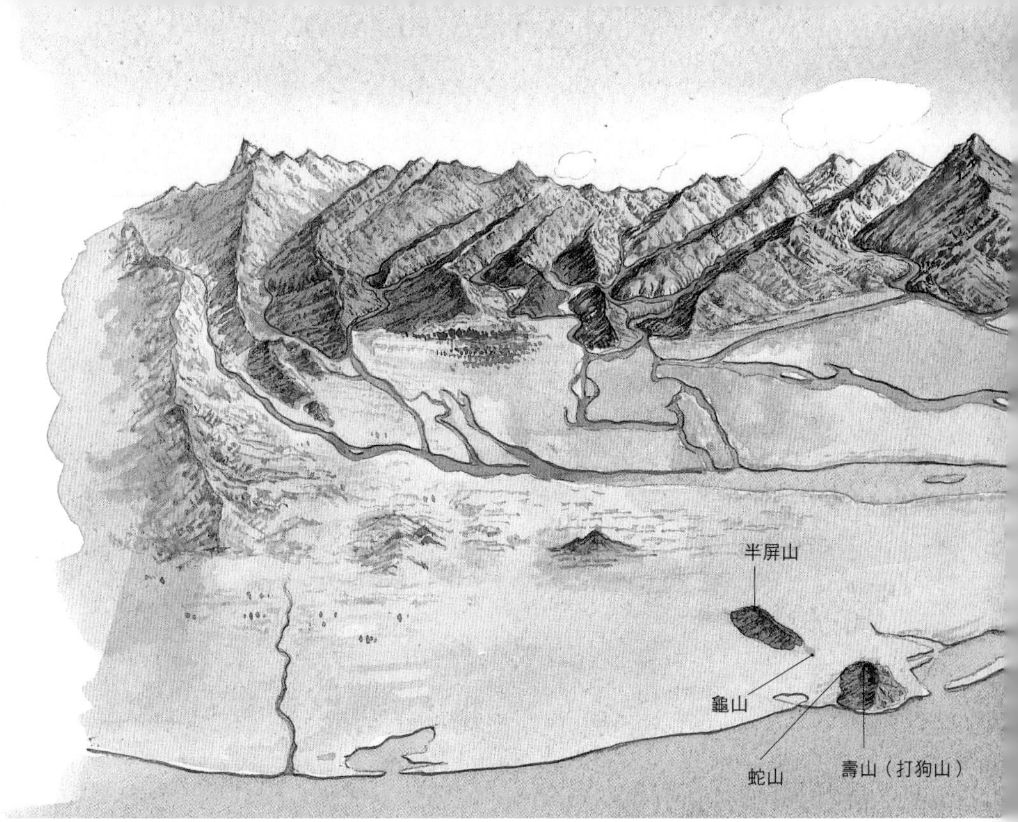

記下南台灣的第一手資料。倒是郁永河北上之前，鳳山縣典史戚嘉燦為了嚇唬郁永河所舉的事例，讓我們從側面了解了當時鳳山縣的「險情」。

九任巡檢八個死於任上

依據清初第一本《台灣府志》的記載，鳳山縣轄下的下淡水東港派駐了一名巡檢司，職位相當於現在的縣警分局長，配有弓兵十八名，負責當地的治安。這樣的配置應該是足以應付一般的情況。即使真的發生了重大的治安事件，左營興隆庄的南路營參將府還有數百名守軍，可以就近支援，應該不需要從府城總鎮衙門派出區區的百人隊伍，遠赴百五十里之外的下淡水支援。所以戚嘉燦是不是為了恫嚇郁永河的「魯莽之舉」，而誇大險情？

按理戚嘉燦應該不至於為了嚇唬郁永河而瞎編故事，但是依當時的兵力配置，由府城派出百人的支援兵力實在是不近情理。如果情況真是如此，筆者推論可能是左營興隆庄的參將府根本沒

■ **1684年（康熙23）金鋐《福建通志台灣府志 ・ 台灣府三縣圖》**
台灣納入清廷版圖後，設一府三縣。圖中可見台灣府，與諸羅縣、台灣縣、鳳山縣的相對位置。其中鳳山縣治設於興隆庄，即今日高雄市左營舊城所在。

有駐軍，甚至下淡水東港巡檢司也沒有所謂的十八名弓兵。當時整個鳳山縣，可能除了臨近府城的區域外，基本上是處於「無政府」的狀態。此時距離清政府一六八四年將台灣納入版圖已過十餘年，如果鳳山縣的實際情況確實是如此，那還真可說是「駭人聽聞」。

為什麼納入版圖十餘年後，鳳山縣還處於這樣的狀態？連派駐的官員都性命難保，還談甚麼治理呢？其實派駐官員、官軍性命難保，並非「野蕃」兇惡、「亂黨」橫行，治安惡化，純粹是草萊未闢、瘴癘之氣惡毒使然。

根據康熙末年出版的第一部《鳳山縣志》，關於位於下淡水東港的巡檢司，有這麼一條記載：「**淡水巡檢司署：原在下淡水東港；水土惡毒，歷任皆卒於官，甚至闔家無一生還……**」可見戚嘉燦「恐嚇」郁永河的事例並無誇大之嫌，真實的情況可能比戚嘉燦所說的還要悲慘。

從康熙二十三年到四十六年的二十三年間，下淡水巡檢司共有九任巡檢。除了第五任直隸燕山人士游翔昇得以任滿告老還鄉之外，其餘八人都死於任上。直到康熙五十一年，第十一任巡檢趙元凱將下淡水巡檢署遷到了下淡水赤山山頂上（屏東新園鄉鯉魚山），才設下了「停損點」，止住了歷任巡檢死於任上的厄運。

戚嘉燦提到康熙三十五年由府城總鎮派往下淡水的百人隊伍全軍覆沒，應該也不是死於作戰，而是另有原因。因為吳球並沒有真正舉兵稱亂，還在密謀階段，七名首要份子包括吳球在內，已在諸羅縣境被官方逮捕、處

臺灣府三縣圖

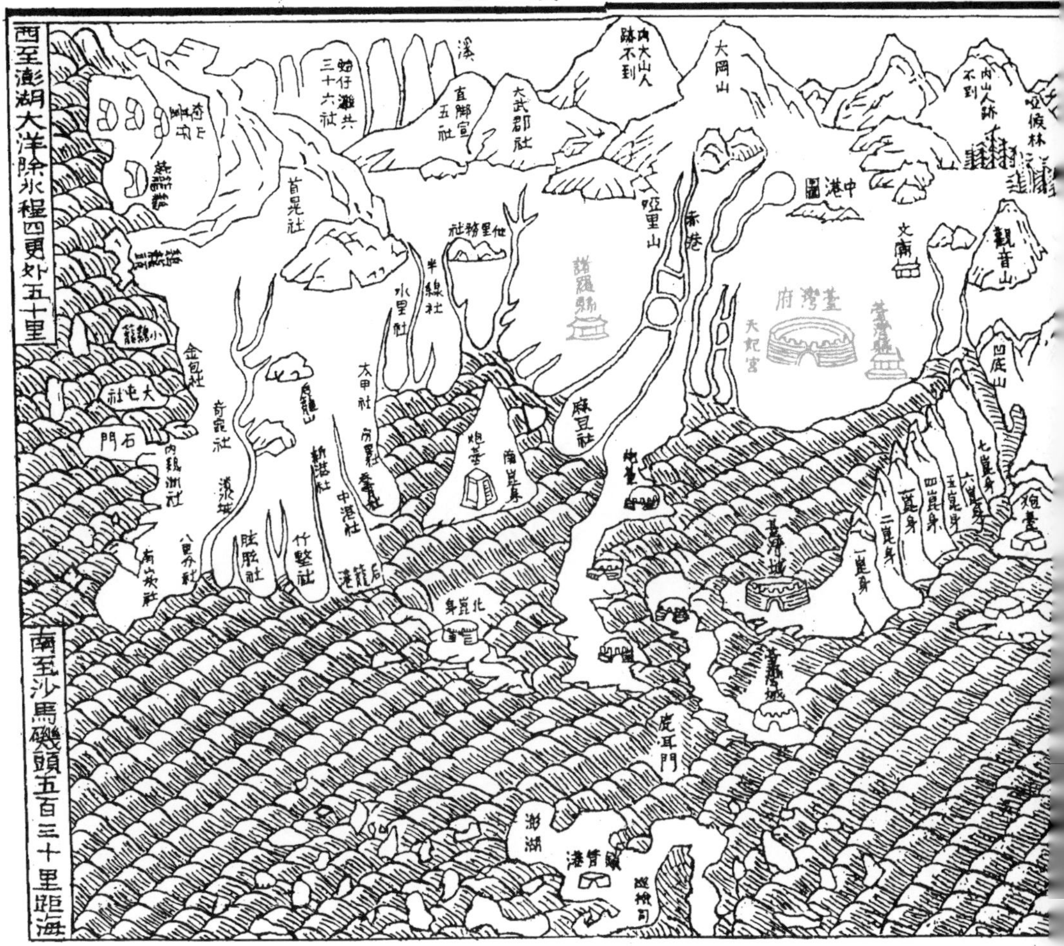

死，台灣地區並沒有因吳球謀反而發生戰亂。

而總鎮衙門之所以派兵到下淡水東港一帶警戒，並非當地真有所謂「亂黨」，而是因為吳球的妹婿曾在鳳山縣擔任徵糧的小吏，也被牽扯了進去，為了防範未然，總鎮才派兵南下。結果當地平靜無異，卻平白斷送了百名官兵的性命。如果不是作戰陣亡，總鎮派往下淡水的百人隊伍大概和下淡水的八任巡檢一樣，皆因「水土毒惡」而喪命。

當時鳳山縣內猖獗的「官瘟」不僅僅發生於官職較低的吏員、兵丁之間，連階層較高的官員也未能倖免。根據《鳳山縣志》的記載，朱一貴事件之前鳳山縣共有九任典史。康熙四十三年之前，在土墼埕公館辦公的前五任典史，包括戚嘉燦在內，皆能任滿返回內地高陞新職。而康熙四十三年「奉文歸治」後，回到興隆庄辦公的後四任典史中，頭兩任皆死於任上。其中第六任的山西人閻瓚幾乎剛上任就病故身亡，可見「水土毒惡」也不僅限於下淡水東港一帶，興隆庄也未能倖免。當時的鳳山縣真可說是「水土毒惡」，「官不聊生」！

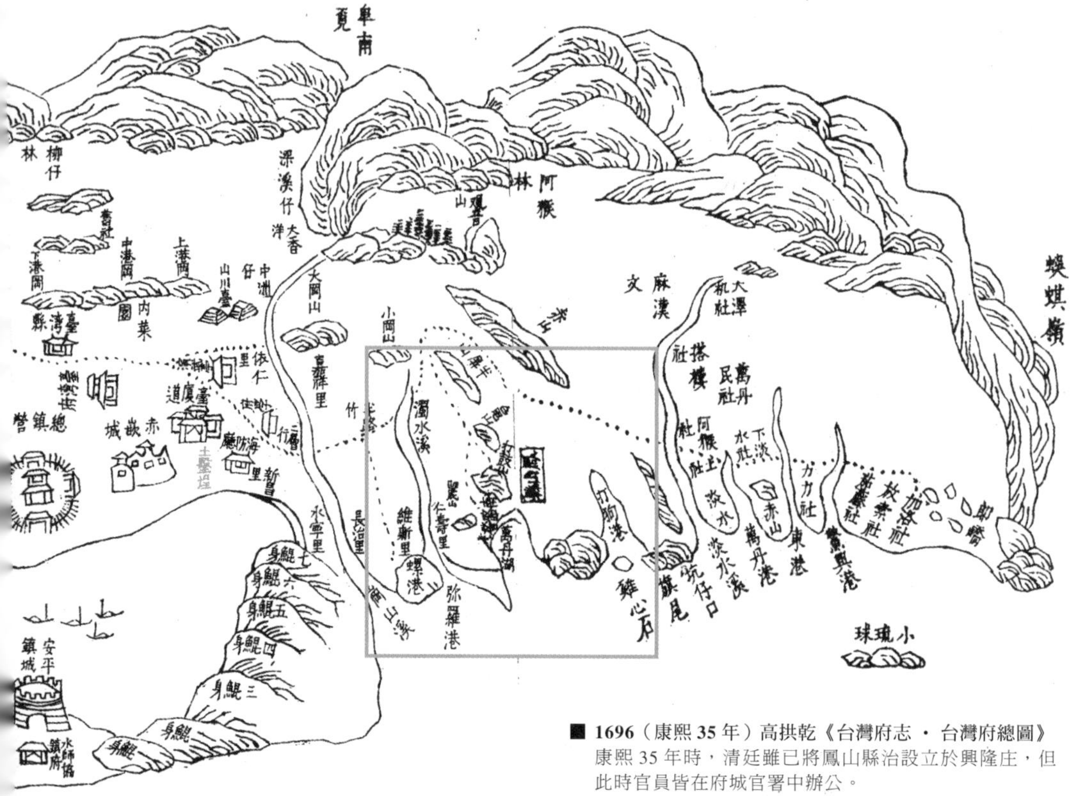

■ **1696（康熙35年）高拱乾《台灣府志・台灣府總圖》**
康熙35年時，清廷雖已將鳳山縣治設立於興隆庄，但此時官員皆在府城官署中辦公。

只剩老地名還頑強的留存了下來

因為環境惡劣，鳳山縣的官員只得龜縮在府城的邊沿，縣政根本無法進行實質的推展。官員不在縣內，十八世紀

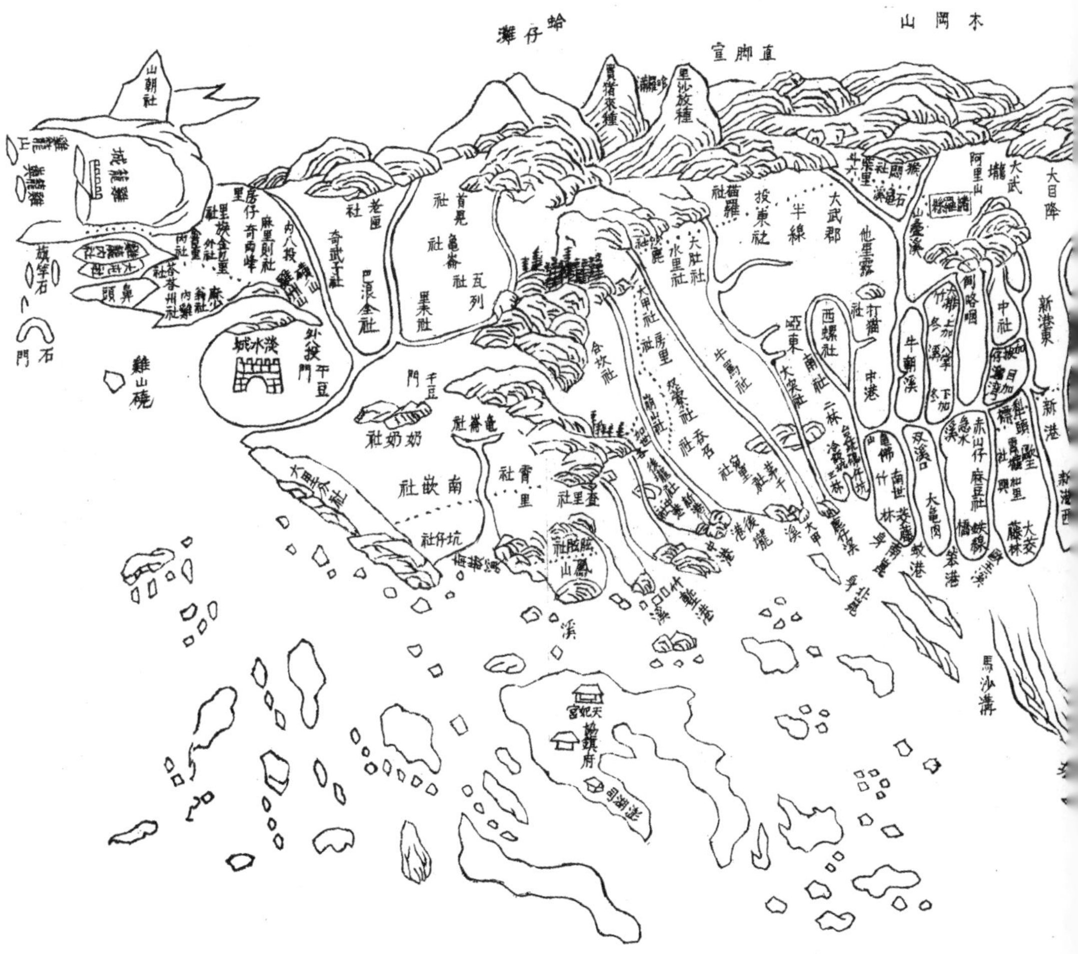

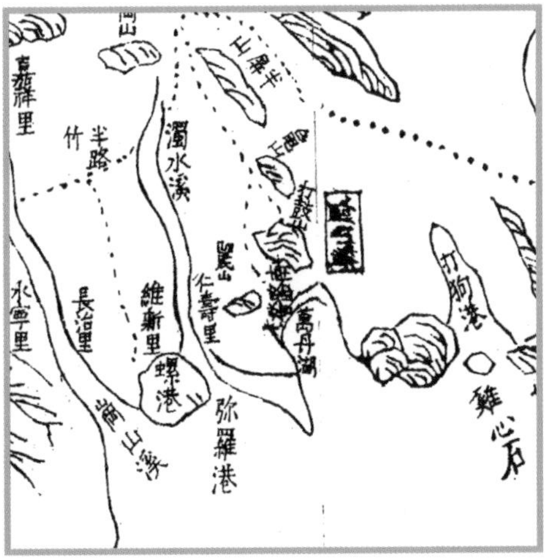

之前的鳳山縣，究竟是個甚麼狀況，實在無從談起。所以早期官方出版的縣志內容的可信度，可能也要大打折扣。

有人或許會問，明鄭時代的鳳山縣已經設官治理，名為萬年州，而且大批的軍人也分散到各地去從事屯墾，例如前鎮、後勁、右衝（右昌）、援剿右（燕巢）、前鋒尾、左營、中衝崎、畢宿（筆秀）、角宿

（角秀）、仁武、北領旗（領寄）等。這些沿著縱貫線分佈的古老聚落都是原來鄭家軍的屯墾之地，為什麼經過三、四十年的開墾，鳳山縣還像「蠻荒世界」一樣「不適人居」？

最大的原因可能還是受到戰爭的影響。所謂戰爭的影響，並不是說當時鳳山縣境發生了戰亂，而是施琅征台之役所造成的人員損失。根據施琅上報康熙的奏摺，明鄭水陸兩師在澎湖之役陣亡了一萬兩千人，被俘的也將近五千人，能逃回台灣的寥寥可數。戰死的當然不可能再回到台灣，而被俘的被遣返大陸，同樣也沒能再回到台灣。另外，當時台灣大概還有四萬名屯田軍，大概也被遣返內地，能留在台灣的可能並不多。

這些陣亡與被遣返的鄭家軍，戰爭之前大概都在台灣南部地區屯墾，所以清政府占領台灣本島之後，西部平原上大概已經看不到多少農夫了。許多已經開闢好的農田又逐漸被野草、雜樹、蔓藤所淹沒，回歸為荒野。

重返「蠻荒世界」的另一個原因是限制移民進入本島。這也就是現在學界流行說法，所謂「消極治台」的政策。雖然偷渡的問題一直是存在的，但是征台作戰剛結束，閩、粵沿海地區也還剛從「遷界」的災難中緩步的復原，究竟還有多少人有能力偷渡台灣，是不無疑問的。當時海峽兩岸，除了遣返明鄭官員、眷屬、軍人之外，大規模的移民、偷渡大概還沒開始，所以農地只能繼續的荒蕪下去。

究竟荒蕪到甚麼程度？根據高拱乾版《台灣府志》的記載，一七一一年（康熙五十年）全台灣的人口，原住民不算，還不到一萬五千人，府城和台灣縣人口超過一半，八千多，諸羅縣四千，鳳山縣才三千五。當然這個數字的可信度到底有多高，沒有人能說得清楚，但可以確定的是當時離

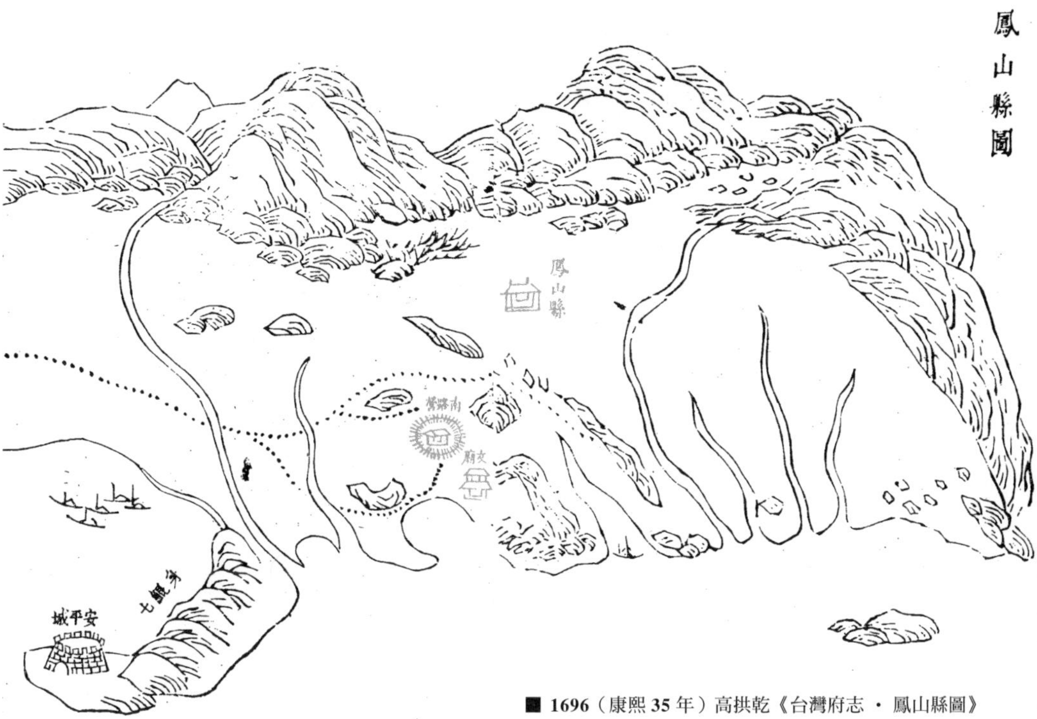

■ 1696（康熙 35 年）高拱乾《台灣府志 · 鳳山縣圖》

開府城之後，很難再見到漢人。

郁永河離開府城北上淡水時，除了佳里興的北路營駐軍和淡水社的通事張大，一路上，幾乎沒有再見過漢人。鳳山縣的狀況可能好一點，但整體狀況應該也差不了多少。當時的台灣，除了靠近府城和其臨近的區域，要看到漢人可能並不是那麼容易。

從另一個角度來看，澎湖之役鄭家軍陣亡與被俘的人數，竟然超過二十年後的台灣漢人總數，可見戰爭的破壞是相當驚人的。戰爭雖然沒有延燒到台灣本島，但是人口的大量減少，卻使得已開闢的田園大量荒蕪，回歸荒野。然而前鎮、後勁、右昌、燕巢、前鋒尾、左營、中衝崎、筆秀、角秀、仁武、領寄等明鄭屯田軍的老地名還是頑強的留存了下來。

為什麼不築城？

按理說，戚嘉燦應該在鳳山縣治所在興隆庄的典史署辦公才是，但是從他勸阻郁永河北上的

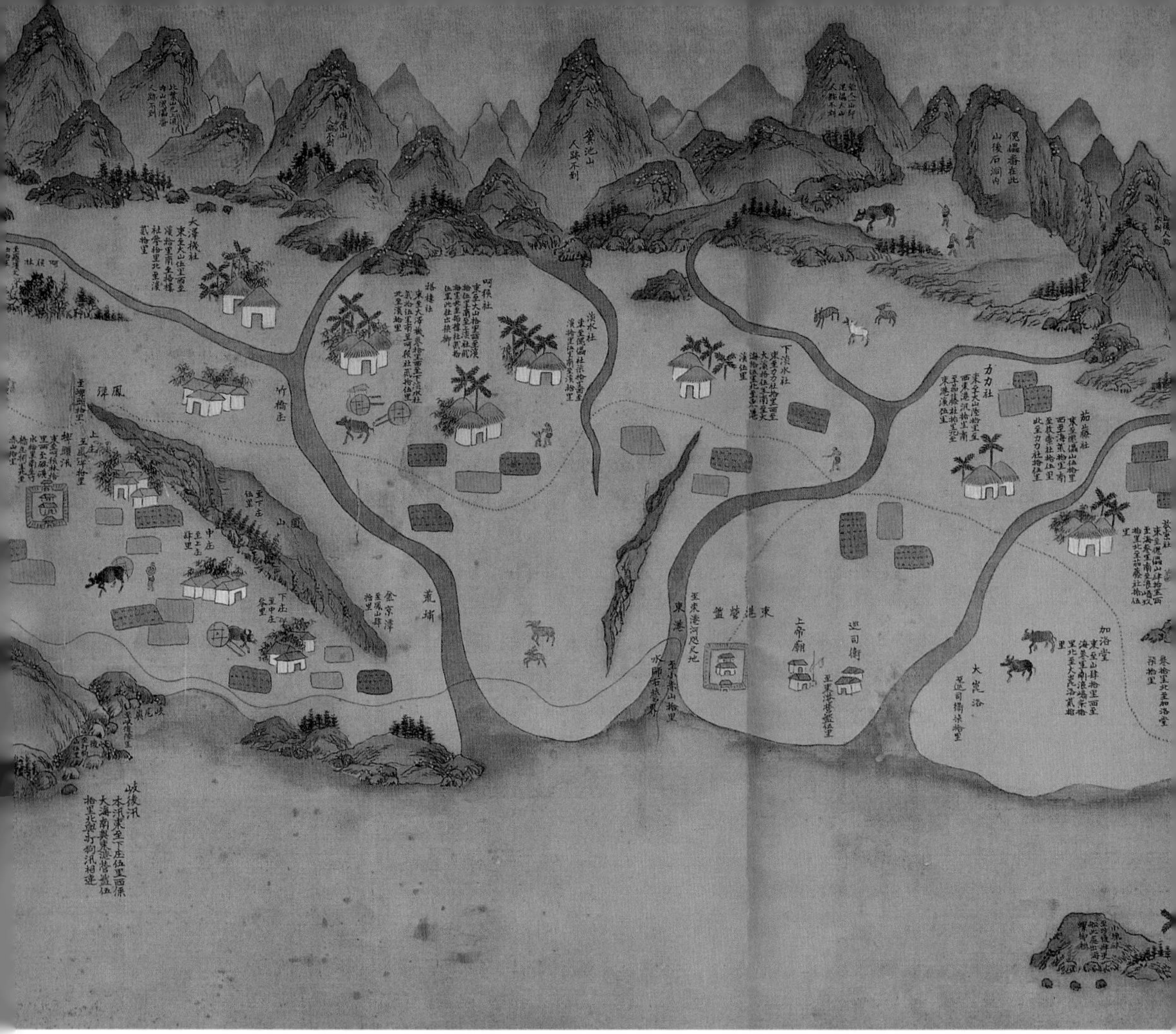

■ 康熙中葉《康熙台灣輿圖》局部

說詞推測，這位當時鳳山縣的重要人物，大概從來沒去過興隆庄典史署。甚至也極可能從未跨越二仁溪進入現在的高雄。

收藏於國立台灣博物館的**〈康熙台灣輿圖〉**繪製的年代一直存有爭議，目前學界主流的看法認為此圖應該繪於康熙三十年至四十三年之間，相當於郁永河來台的前後，圖中鳳山縣治所在的興隆庄有一座規模不小的營盤和一座文官衙署，可能是建於一六八四年（康熙二十三年）的南路營參將署和鳳山縣典史署。可見一六九七年郁永河來台時，南路營參將署和鳳山縣典史署應已設在鳳山縣左營的興隆庄。那麼戚嘉燦為什麼還一直窩居在土墼埕的典史公館處理公務？雖然土墼埕和府城文廟僅

一溝之隔，但也還算是鳳山縣的轄區，所以他並沒有離開縣境，不算是「擅離職守」。可近在咫尺的台灣府知府大人能容許他長期不到任所執行公務嗎？就因為鳳山縣內「水土惡毒」？

其實不只戚嘉燦在土墼埕辦公，連鳳山縣知縣也在土墼埕的公館辦公。不僅鳳山縣如此，連轄區比鳳山縣更大的諸羅縣也不在縣治所在的諸羅山，而是和北路營一樣龜縮在佳里興（佳里）。諸羅縣令和典史平常可能和鳳山縣令、典史一樣也「躲」在府城的公館

■ **康熙中葉《康熙台灣輿圖》局部**
圖中鳳山縣治所在的興隆庄，已有一座規模不小的營盤和一座文官衙署。

中處理公務。諸羅、鳳山兩縣的縣令不到縣治推展縣政，卻「躲」在府城「逍遙度日」，其實是被福建當局所默許。

福建當局之所以默許諸羅、鳳山兩縣的縣令在府城執行公務，主要的原因是縣治所在地還沒建城，連衙署都沒有。因為建城的費用高達數萬兩白銀，一時還無法湊齊，所以只好便宜行事，諸羅、鳳山兩縣的縣令留在府城執行公務。

現在台灣學界流行的說法是，清政府採取消極治台的政策，所以不准許台灣構築磚石城牆。《裨海紀遊》提到過台灣築城的問題，郁永河說台灣官員的確想構築石城，卻無從實現，主要的原因是石材取得困難。康熙五十八年出版的《鳳山縣志》上也提到築城的困難：「……磚石之屬無所取焉，工料又數倍於內地，苟非糜金數萬，難覲厥成。宰斯土者薄俸無力，無能計及……。」鳳山縣令的說法和郁永河一樣，都是建材取得困難，資金缺乏，但兩者都沒提到朝廷反對台灣構築磚石城牆。《清實錄》上找不到康熙對台灣營建磚石城牆的明確態度。那麼「不准許台灣構築磚石城牆」說法又是從哪傳來的？

黃叔璥在其著述《台海使槎錄》提到，朱一貴事件平息後，他出任台灣首任巡台御史，陛辭時康熙下達「訓諭」曰：「台灣斷不可建城，去年朱一貴無險可憑，故大兵伊入鹿耳門，登岸奮擊，彼即竄逃，設嬰城自固，豈能剋期奏捷？」但這是不是形成正式的政策？顯然沒有。因為朱一貴事件之後，鳳山縣縣治所在的興隆庄立即構築了夯土城。不久後，府城計畫建木柵城，雍正也認為：「籌畫甚屬允妥，深為可嘉。」於是雍正三年府城就開始營建木柵城牆。

觀音山
觀音山汛
荒埔
仁武埔
半屏山
文廟
赤山仔埔
蓮潭
赤山
龜山
觀音亭
鳳山縣
南路營盤
打狗山
萬丹港
水師右營界
水師中營界
石佛山

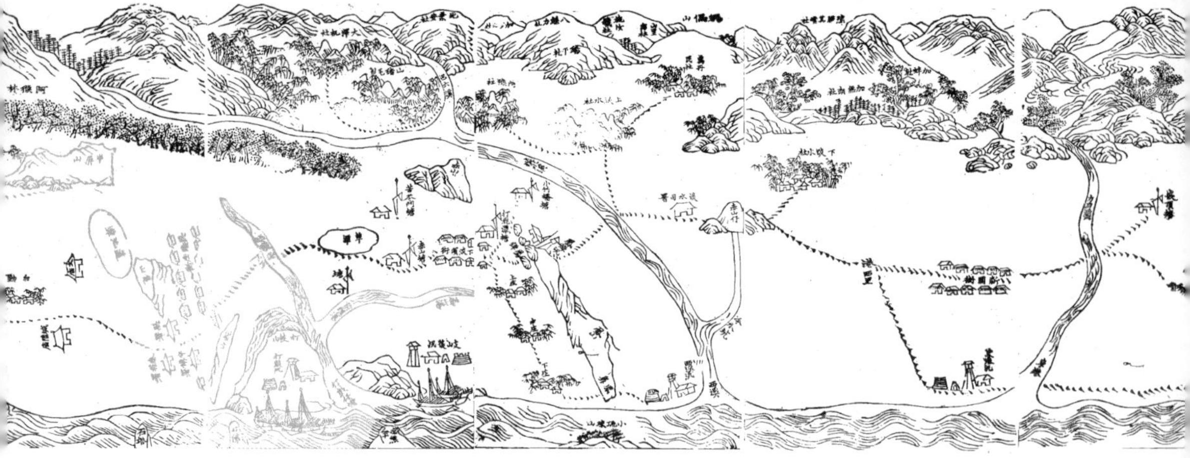

■ 1720年（康熙59）李丕煜《鳳山縣志・輿圖》

雍正十年鳳山縣發生吳福生反清復明案，雖然影響不大，很快就被鎮壓了，但福建方面可能對朱一貴事件還心有餘悸，就趁機上奏提了台灣構築石城的必要性。雍正此時卻表示：「如必當建城，雖重費何惜？而台灣變亂，率皆自內生，非禦外寇比；不但城可以不建，且建城實有所不可也……。」

但仔細揣摩這則「上諭」，會發現雍正對台灣築城的態度並非不准，而是認為「沒用」，既然沒用，建它幹啥？雍正之後又將康熙對黃叔璥的「訓諭」重複了一次。為什麼官員認為台灣需要構築磚石城，雍正卻認為無用？

康熙、雍正的「建城資敵論」邏輯其實是自相矛盾的，為什麼叛軍可以據城頑抗，官軍就不能倚城抗敵？雍正之所以提出「建城足以資敵」的歪理，真正的原因是他不願意國庫支付這筆開銷。所以當福建方面提出省工省料的「植竹為籬」方案時，他便滿口的答應了。好笑的是，經過朱一貴事件，當時台灣府城與各縣的縣城，早就從竹城、木柵城「進化」到夯土城牆，這時還提甚麼「植竹為籬」？這不是君臣互相糊弄嗎？

台灣官員覺得夯土城還不能保障自己的安全，地方又沒財力建磚石城，於是想「揩」國庫的「油」，向雍正要錢來蓋磚石城牆。沒有城牆的保護，官員如何能安心上任呢？於是地方官員便攛掇朝中的大臣出面提築城之請。雍正當然明白這是台灣官員搞出來的把戲，於是來個「以虛應實」、「釜底抽薪」，讓台灣官員有苦難言。

按照中國內地的慣例，除了京城為國庫支付的國家工程外，一般的縣城、府城、甚至省城，基本上都是由城裡的大商家、大地主之類的頭面人

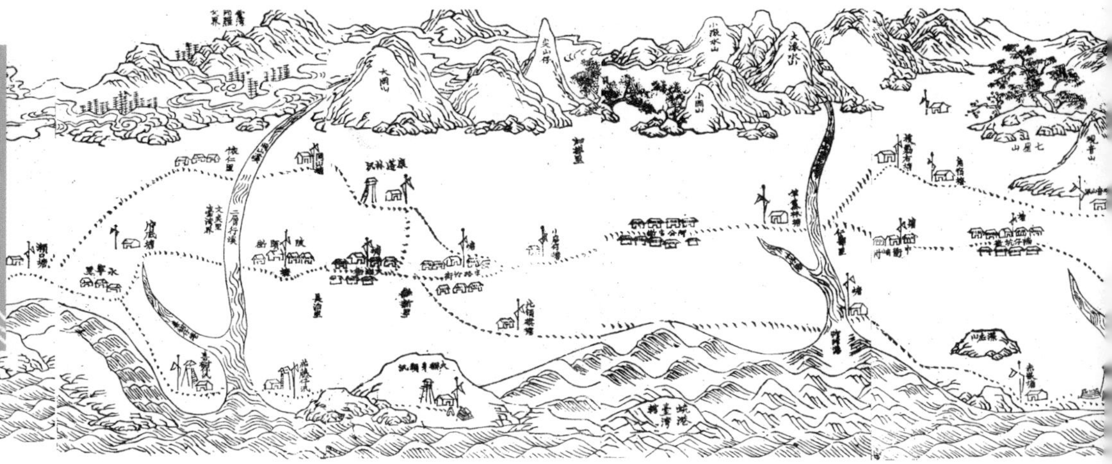

物出面號召，眾商家捐資出地、選舉總理其事之人，然後才得以完成。當然各級衙門、軍官也會捐出「養廉銀」以為贊助，然而修城的資金主要還是來自民間。

但是台灣新附，情況特殊，縣治所在地，莫說大商家，連一般百姓也沒多少。要按內地的慣例來修建城池，顯然不現實。而台灣知府、縣令每年一千、八百兩的「養廉銀」大概也只夠修建一些文廟、學宮，社學、公署、營舍、倉廩之類的小型公共工程。想建築磚石城牆，這點「養廉銀」根本無濟於事。所以鳳山縣令才會發出「宰斯土者薄俸無力，無能計及」之嘆。

康熙四十三年「奉文歸治」後諸羅縣便率先築起木柵城；康熙六十一年鳳山縣在朱一貴事件平定之後，也壘起了夯土城牆，當時也沒見朝廷反對，要求拆除。可見朝廷並不反對台灣築城，朝廷反對的是要國庫拿錢幫台灣營建磚石城牆。地方政府營建縣治所在的城池，在北京皇帝看來那本來就是地方的「公益事業」，應該由地方自行解決，想揩國庫的油，根本是要無賴。

朝廷對台灣建城為何這麼不上心？

台灣是中國歷史上第一個，可能也是唯一的海外殖民地。相較後來日本取得台灣之後的做法，和民政長官後藤新平到國會爭取建設經費的那股

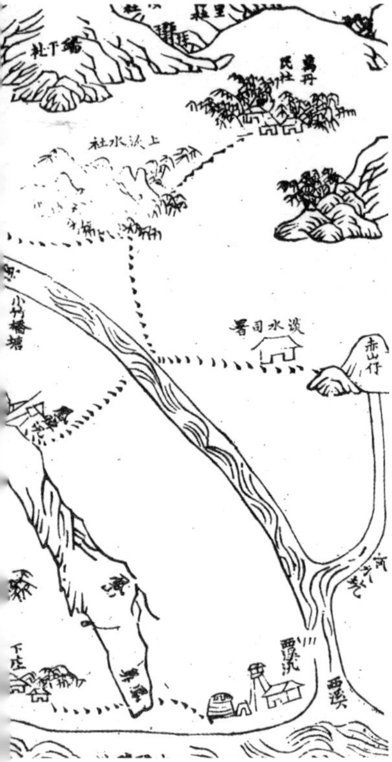

■ **1720年（康熙59）李丕煜《鳳山縣志・輿圖》局部**
康熙59年以前的興隆庄市街圖，重要的衙署皆設於此地。此前有蓮池潭為天然泮池，遙與鳳山對峙。外有打鼓、半屏兩山相望，左倚龜山，右連蛇山，地勢風水皆一時之選。

衝勁，清政府在「地方建設」上的確顯得十分消極，連個城池，國庫都捨不得掏錢，按現在流行的說法：「充分的反映中原帝國封建保守觀念，完全不具備海洋文化的視野」。

清政府將台灣納入版圖，和西方殖民帝國主義奪取殖民地的動機完全不同。十五世紀末起，西方殖民帝國主義國家奪取海外殖民地以經濟利益為著眼點，而台灣成為中國第一個海外殖民地，完全是迫於國家安全的需要，並非出於經濟利益與資源的掠奪。

所以當台灣正式納入中國版圖時，朝中大臣拍康熙的馬屁，說康熙功德超越歷代帝王，非加尊號「無以慰臣民仰戴之願」。康熙聽了沒好氣的說，台灣彈丸之地，得之無所加，不得無所損，稱尊號、大赦天下，流於「矜張粉飾」，不必了！還有人不長眼，繼續勸進，康熙這時就真動氣了。可見大清版圖上多了一個台灣，康熙並不感到高興，甚至有些無奈。

一六八三年（康熙二十二年）施琅攻克台灣之後，朝中出現一些棄台的主張，有人就說：「台灣海外丸泥，不足為中國加廣；裸體文身之番，不足以共守，日費天府金錢；無益，不如徙其人而空其地。」康熙的本意也是如此。因為自古以來，中國北方的遊牧民族已經把歷朝歷代搞得精疲力竭，根本沒有在海外建立殖民地、開疆闢地的餘力。明代鄭和下西洋的結局就是一個慘痛的教訓。

後來在施琅的力爭之下，康熙才勉強答應將台灣納入版圖。施琅說服康熙的理由其實就一條，

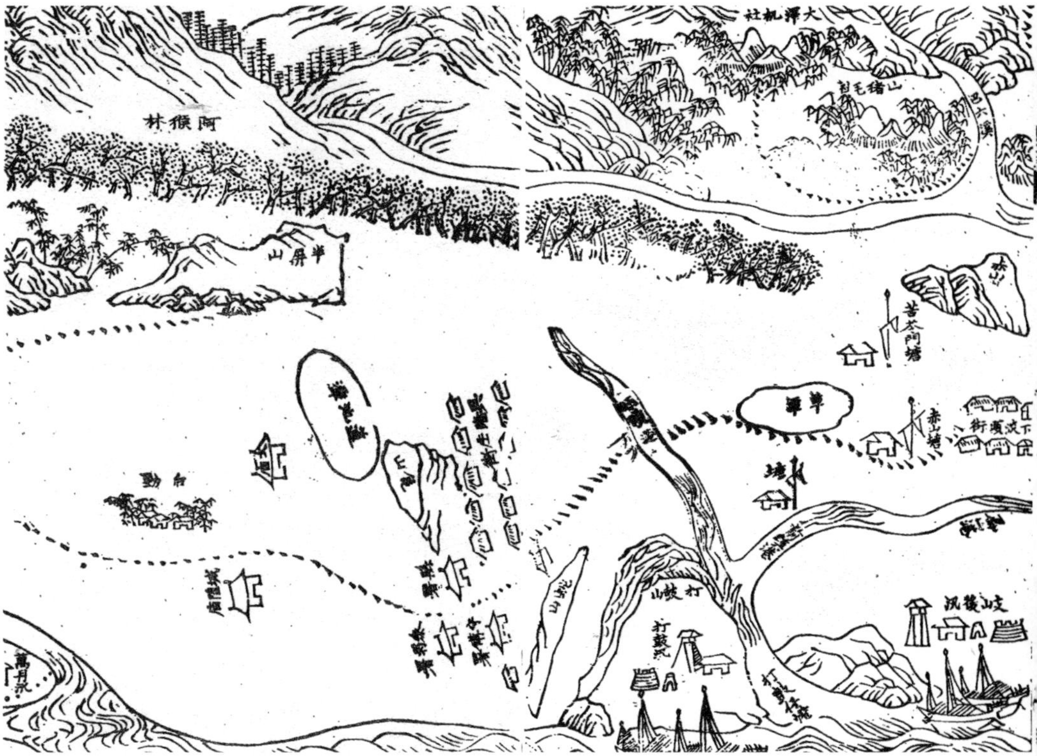

就是從明代的倭寇、荷蘭人到明鄭的小朝廷，因為盤據台灣，對中國的沿海地區構成了極大威脅與禍害，如果退出台灣，其他的外部勢力必然會填補進來，繼續對中國的沿海地區造成威脅。這個道理再明白不過了，康熙當然聽得懂。

施琅為了進一步說服康熙，又曉之以「節省」之道。根據施琅的估算防守台澎，至少需要陸師八千、水師兩千，共一萬名兵員。因為攻克台灣之後，東南沿海各省不再需要重兵把守，多出的兵員可以轉調台灣，台灣守軍就不需額外募集，增加軍費的支出了。能在不增加軍費的條件下，而強化國家的安全，康熙是自然樂於接受。

於是重兵駐守台灣西岸港口、限制移民進入台灣成了清初中央政府對台工作的主要方針。重兵駐防是基於國家安全的需要，限制移民是為了降低行政管理成本，減少國庫的支出。目前台灣學界常以「消極治台」形容清政府的對台政策，這是從台灣的立場出發，但如果從中國的立場來看，將台灣納入版圖，可說是中國頭一回採取積極的海外防禦政策，這在中國的歷史上已是值得大書一筆了。再早之前，歷代中國政府的海防最前緣，不過是澎湖罷了。

■ 1720年（康熙59）李丕煜《鳳山縣志．輿圖》學宮圖
康熙43年鳳山知縣宋文清奉文歸治（從土墼埕遷回興隆庄），並重修擴建蓮池潭旁殘破的文廟。文廟前有大成殿，後有啟聖祠，並設泮池，使之符合文廟的規制。

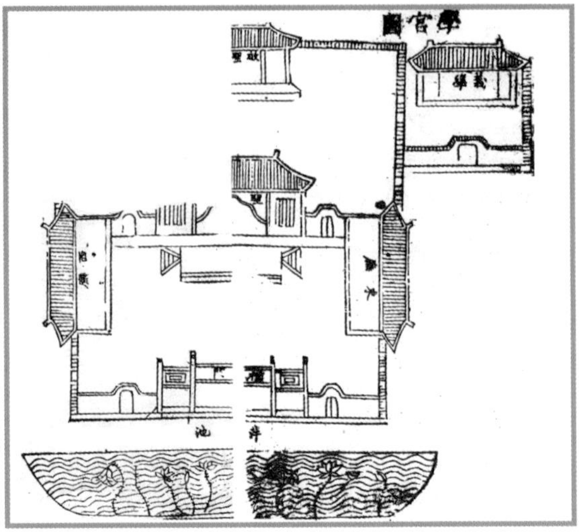

由此可見，清初在國家政策層級的區域定位上，台灣澎湖是負責「東南之保障，永絕邊海之禍患」的海外軍事要塞。至於納入版圖、開府設縣不過是國家安全政策之下的附屬條件，一切還是要根據「海外軍事要塞」這個最主要的國家政策定位來決定。

以當時台灣的農業生產能力，已經足夠滿足全島軍民的需求，甚至還有餘糧輸出。所以為了不增加治安、行政上的管理成本，限制移民自然而然就成了最簡單而直接的行政手段。根據官方的統計，清初台灣漢人的總數比駐軍多不了多少，只要限制人口的移入，治安、行政上的管理成本就可以壓得很低。因為防禦的重點在於西部海岸的港灣，只要修好控制港口的砲台，縣治所在地的城池，在朝廷看來無關海防，所以也就可有可無了。這也是上述雍正的論點。其實明鄭時代也沒有築城的想法，應該也是在類似的防禦理念下，自然而然形成的。

另外，在以農業為主要生產力的前近代國家，統治階層很難從農業所得的稅收中取得足夠的公共建設資金，像磚石城之類的大型公共建設，主要是靠城市的商人負責籌集資金。當時台灣不但人口不多，城市的人口更少，很難募集到建城的資金，所以想要按內地的慣例，建造傳統的磚石城牆在台灣幾乎是不可能了。既然城池在以海防為前提的國家安全需求上，作用不是那麼大，那麼台灣的官員成天想讓北京的皇帝掏出國庫的銀子為自己營造磚石城牆，在皇帝看來就根本是在耍無賴了。

為《鳳山縣志》作序的四位大人

滿洲王朝龍興關外，稱帝中原後，基本上還算是「儉省持國」，以不增加百姓負擔為念。為了東南沿海的平靜，迫不得以才將台灣納入版圖。長久以來「消極治台」是清政府對台政策的一大特徵，但消極治台的另一種說法也可說是以減少國庫的負擔、天下百姓賦稅壓力為念，出發點不能說不好。畢竟滿洲皇帝不能算是以掠奪資源、霸佔市場為目地的殖民主義者。但是消極的政策真能保障台灣的平靜與國家的安全嗎？答案顯然是否定的。

一七〇一年（康熙四〇年），諸羅縣秀祐庄人劉卻聚眾結社，攻陷下茄冬（台南後壁）的營汛，掠劫茅港尾（台南下營），平埔族人也乘機與劉卻黨人合流稱亂。一直到一七〇三年，劉卻被官軍擊殺，亂事才真正平靜下來。

此事雖未驚動北京，可福建當局已無法坐視諸羅、鳳山兩縣繼續以城池未建為由，龜縮在府城公館逍遙度日。命令兩縣縣令歸建縣治執行公務。這就是台灣史上著名的「奉文歸治」，此時離台灣納入大清版圖正好整整二十年，諸羅、鳳山兩縣縣民等了整整二十年才第一次看到縣長出現在縣治所在。

劉卻黨人人數不多，作亂的範圍也不大，時間卻拖得很久，這顯示台灣官員治理能力低下、官軍毫無戰力，這是一個極大的警訊。所以福建當局使出了「奉文歸治」的手段。

■ **《番社采風圖・守隘》**

在《康熙台灣輿圖》中，除了可見漢人市街與庄里，亦可發現許多平埔族獨特的生活風采。而平埔族的的生活起居、飲用習慣、耕田鑿井等風俗習慣等情形，可於《番社采風圖》中認識。

當時的諸羅縣令宋永清到縣的第一件事就是建木柵城牆，經費應該是自行籌措的。同年宋永清又被調任鳳山縣令，這時他大概已經無力為鳳山縣城營建木柵城牆了，只能完成一些衙署、文廟等工程了。

第一任諸羅縣縣令季麒光在所上〈條陳台灣事宜文〉中已經把築城的必要性說得很清楚：「……台灣之民……非餘兵逋寇，即逃犯奸民，既非土著，並無家籍，鷹眼狼心，尚多未化，又難於撫御之眾也。但城者，憑也，所憑以為依衛者也。故錢糧倉庫，有城可保；罪犯監獄，有城可守；文武之官舍，百姓之身家，亦有城可恃。查內地城垣上奉修葺之令，豈台灣孤懸海外，可散處而無虞乎？……」

可見領台之初，明鄭遺留下來的散兵游勇已構成台灣治安的最大隱患，加上越來越多偷渡而來的「羅漢腳」，動亂的因子像滾動的雪球一樣，越滾越大，台灣卻連保障基本安全的城池都沒有。一六九六年吳球案，起義胎死腹中；一七〇一年劉卻案，前後鬧了三年……。一七〇四年前躲在府城辦公的鳳山縣官員只求能平安任滿返回內地。「奉文歸治」後鳳山知縣身處沒有城牆保護的衙署中辦公，箇中滋味，可想而知。

朱一貴事件爆發的一年多前，鳳山知縣李丕煜在《鳳山縣志》寫道：「縣治在興隆庄，城未築。……三十年海波不揚，民歌樂土。無事之日，高枕可以無虞；苟或草寇竊發，高壘何在？深溝何在？其不為劉卻之剽掠者，無未知見也……。」

這應該是李丕煜內心最深處的恐懼源頭，以致他毫不避諱的寫在縣志上。這是鳳山縣有史以來第一部縣志。李丕煜請了四位長官為這部縣志作序，他們分別是，施琅的兒子福建水師提督施世驃以及台灣行政級別最高

的三位長官，台廈道梁文煊、知府王珍、海防同知王禮。

一年多之後，「鳳山縣的劉卻」真如李丕煜預言般的現身。起義軍攻陷鳳山縣城時，李丕煜已離職，王珍代理鳳山縣令。後來起義軍兵臨府城時，梁文煊、王珍、王禮沒有和總兵官歐陽凱一起死守府城待援，反而登船逃往澎湖。施世驃此時也帶領水師抵達澎湖集結，即刻將梁文煊、王珍、王禮三人奪印看守，王珍在看守期間病故身亡。之後施世驃統領各路大軍齊攻鹿耳門，七日內掃平了叛軍。不久，尚未還師廈門，施世驃也在府城營中因病去逝。李丕煜雖然「預言」了亂事的必然性，但他恭請四位大人作序時，應該不會想到會是這麼樣的結局吧！

第2章　土城紀

◆規模這麼大的起義，城牆真的擋得住？

◆動亂的矛盾究竟在哪兒？令人費解的豎旗起義

◆康熙冰冷的勸誡：小心禍貽未來

◆鳳山縣的三重地理空間結構

◆下淡水平原是鳳山縣最具關鍵地位的地理區塊

◆客家族群在下淡水平原上不動聲色的擴展

◆驚魂未甫的官員還未察覺興隆庄的優勢漸失

專欄◆土城不「土」，問題在於「土」

前言

封域既分，制度斯起。通方經，畫人事，所以贊天工也。
邑自新造，百務草創，城郭宮室，
倉廩府庫、廬井溝渠，間有作者，其名焉爾。
數十年來，天子加意邊疆，相其緩急而先後之。
凡夫城郭以衛民，公署以利民，陂塘水利以便民，
水旱荒凶有備也、鰥寡孤獨有養也……

——《重修鳳山縣志卷二．規制志》

「頭帶明朝帽，身穿清朝衣；五月稱永和，六月還康熙」這是一首台灣早期的民間歌謠，歌詞內容是台灣庶民對朱一貫事件的印象與總結。

康熙六十年舊曆五月初一朱一貴與杜君英會師攻陷府城，朱一貴被擁為中興王，「永和」為其年號，於台南大天后宮登基，恢復大明，廢除薙髮令。五月十二朱一貴與杜君英決裂，雙方血戰赤崁樓，杜君英敗退虎尾溪北岸的貓兒干。六月十七施琅之子福建水師提督施世驃率遠征軍衝入鹿耳門，二十三日起義軍被逐出府城。潤六月初五朱一貴於溝仔尾（嘉義太保）被俘交與官軍，之後就剩下清鄉與掃蕩，戰鬥基本上已經平息。

規模這麼大的起義，城牆真的擋得住？

之前，同年四月十九朱一貴於內門揭竿起義，杜君英於四月二十三聚眾驅趕下淡水汛的守軍，二十八日攻陷南路營與縣治所在地興隆庄。六月中，起義軍與六堆義民瀰戰高屏溪兩岸，數千人漂屍下淡水溪，最後起義軍兩萬餘眾全軍覆滅。

鳳山縣既是起義首發之地，也是戰爭破壞最嚴重的地方。事平之後，參與遠征軍的軍官幾乎一致認為台灣的縣治所在地都有築城的必要。於是施世驃的繼任者姚堂上奏康熙，提出「開捐建城」之請，結果為康熙所駁。但經歷此一大劫難的鳳山軍民，已經顧不上北京皇帝的反對，為了身家性命，以「自力救濟」的方式，完成了土城的構築。

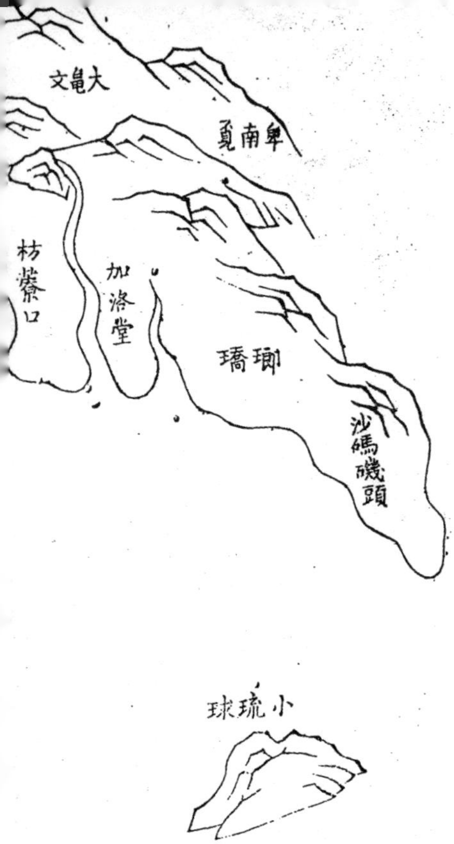

■1742(乾隆7年)劉良壁
《重修台灣府志・鳳山縣圖》

鳳山縣城的城池由代理知縣劉光泗主持興建，其間得到了南路營參將陳倫烱的支持，縣內軍民合力完成。長久以來，鳳山縣治的軍民一直期盼有一座牢固的磚石城池，然而朝廷一直不准「開捐建城」。限於經費，只能構築「壘土堆疊」而成的土堡。所以，土城完成之後鳳山縣治的軍民並沒因此感到喜悅與更多的安全感。

新任的南路營參將陳倫烱出身於閩南軍官之家，及長充任宮廷侍衛。朱一貴事件發生後，陳倫烱自願參與遠征軍來台作戰。陳倫烱與康熙關係密切，熟知康熙的思維，但他為何還參與築城？顯然陳倫烱也認為鳳山縣有築城的必要性。但他大概清楚康熙真正反對的是「開捐」，至於城築不築，康熙應該沒有太大的意見。

築城之所以要「開捐」，是因為營建磚石城牆的經費相當龐大，沒有隨賦開徵「築城特別捐」，單靠地方軍民捐贈幾乎完全不可能作到。但開徵特別捐事關重大，康熙之所以不贊成，應該還有別的顧忌。

正因為朝廷不允許開徵築城特別捐，所以朱一貴事件爆發的一年多前，鳳山知縣李丕煜在《鳳山縣志》感嘆道：「宰斯土者薄俸無力，烏能計及……苟或草寇竊發，高壘何在？深溝何在？」李丕煜大概作夢也沒想到，他所憂慮的「草

寇竊發」竟然會是以如此聲勢浩大、遍及南台灣的大規模起義方式爆發，而他所期盼的「高壘、深溝」又僅僅是一座「壘土堆疊」而成的土堡。

關於這座鳳山縣有史以來的第一座城池，乾隆年間出版的《重修鳳山縣志卷二．規制志》只有簡單的紀錄：「周八一〇丈，高一丈三尺，東西南北設四門。左倚龜山，右聯蛇山；外浚壕塹，廣一丈，深八尺。」此外就沒有更多的說明，顯然修治者認為這座土城並沒有太多值得炫耀的地方，所以懶得多寫。

康熙反對築城的論點，並非全然沒道理。因為即使鳳山縣真有一座磚石城池，以朱一貴事件起義軍的規模，南路營甚至再加上府城總鎮署的三營兵力，大概也是於事無補，更

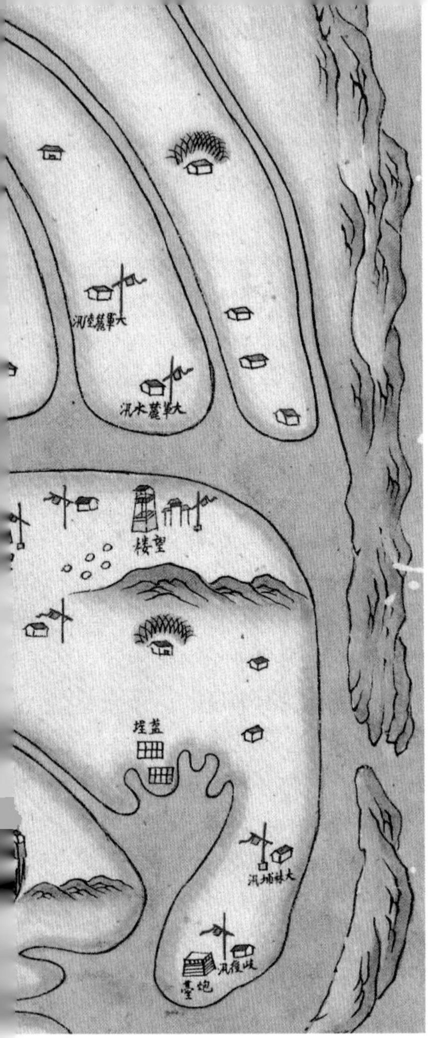

■左上圖 / 乾隆 43 年（1778）蔣元樞《建設鳳邑望樓圖》
乾隆年間鳳山縣已分設望樓 18 座，其中可見鳳山土城所在。
左下圖 / 乾隆 43 年（1778）蔣元樞《捐建南路兩營公署圖》

何況康熙對台灣綠營系統（清朝的漢人軍隊）的駐軍，能有多大的戰鬥力應該是心知肚明。但問題的癥結點是為什麼已經納入版圖近四十年的台灣，會激起這麼大規模的起義？而且竟然還發生在鳳山縣，而不是當時官員更加擔憂的北路諸羅縣？

動亂的矛盾究竟在哪兒？令人費解的豎旗起義

朱一貴事件爆發的真正原因，至今仍然令歷史學者難以理解。過去民間所流傳的反清復明或天地會起義，如今都已被學者所排除，而且朱一貴被俘之後的口供也沒提到這兩個因素。朱一貴口供列舉了六項原因都和知府王珍之子的「橫徵暴斂」有關。但其中只有兩項和他個人及其追隨者影響較大，即向阿猴林（羅漢內門山區）的砍竹、抽籐者索賄。

朱一貴早期的追隨者大多是在內門山區以砍竹、抽籐謀生的漳、泉移民，人數並不算多。所以才剛揭竿起義就被府城趕來的援軍擊潰了，直到另一名領導者

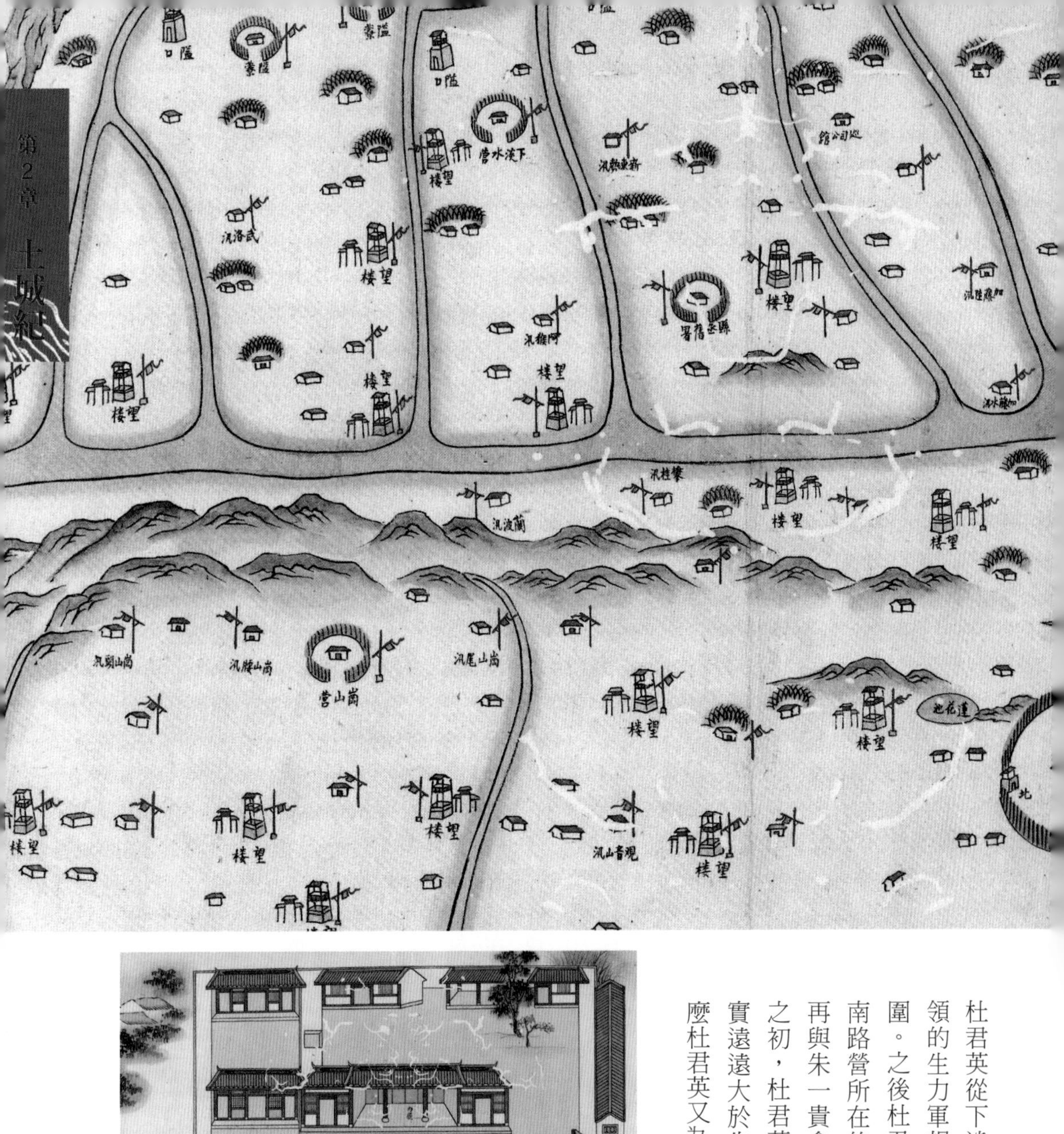

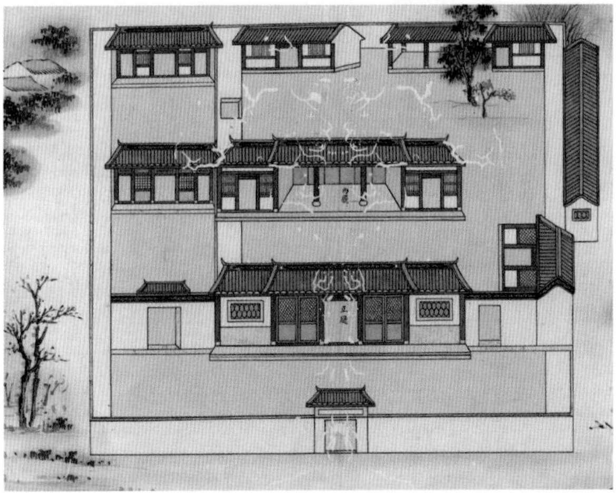

杜君英從下淡水（屏東平原）帶領的生力軍趕來，才為朱一貴解圍。之後杜君英攻陷鳳山縣治、南路營所在的興隆庄（左營），再與朱一貴會師齊攻府城。起事之初，杜君英統帥的義軍人數其實遠遠大於朱一貴的追隨者。那麼杜君英又為何起義？

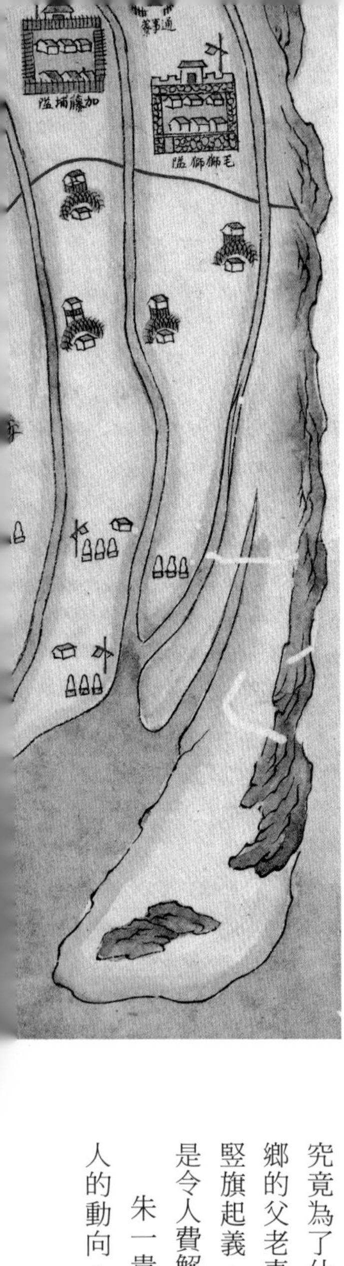

■乾隆 43 年（1778）蔣元樞《鼎建傀儡生番隘寮圖說》
此圖描繪記錄了鳳山縣邊防整備工程，官府沿山整建了一系列的隘寮防備當時住在山區的「傀儡生番」。

杜君英的口供曾提到了王珍之子向地主徵收每石稅穀高達七錢二分的折銀。但杜君英本人並非業戶或地主，他的追隨者也大多是在下淡水平原區耕種、講潮州語系方言的傭工、羅漢腳，這筆重稅和他們可說毫無關係，為甚麼他們要為大地主的利益去賣命？潮州語系的佃丁、羅漢腳可能大多數還是受雇於閩南籍業主經營的蔗園工人，這和七錢兩分的折銀重稅就更加無關了。

杜君英的口供中還提到，最早煽動他豎旗起義的是一個叫柯妹的福建人，柯妹有可能是七錢二分折銀重稅的受害者，而且柯妹還隱約提到已經有人開始集結，準備豎旗起義。柯妹勸杜君英和他們結盟。

當時杜君英雖然因盜林案而躲在檳榔林（內埔義亭村）的同鄉處，但官府根本抓不到他，他至於為柯妹賣命嗎？更奇怪的是，後來被官府判處凌遲、斬立決的近百名起義首要分子中，並沒有一個叫柯妹的人。

此外，王珍之子索取的牛隻印子錢（高利貸）、糖廍開設特許費影響層面似乎也不是那麼大，那麼這些阿猴林山區的勞動者和下淡水平原的潮州籍「羅漢腳」究竟為了什麼，棄遠在閩粵故鄉的父老妻兒於不顧，在海外豎旗起義，為地主賣命？實在是令人費解。

朱一貴事件中還有另一批人的動向，也值得我們關注，

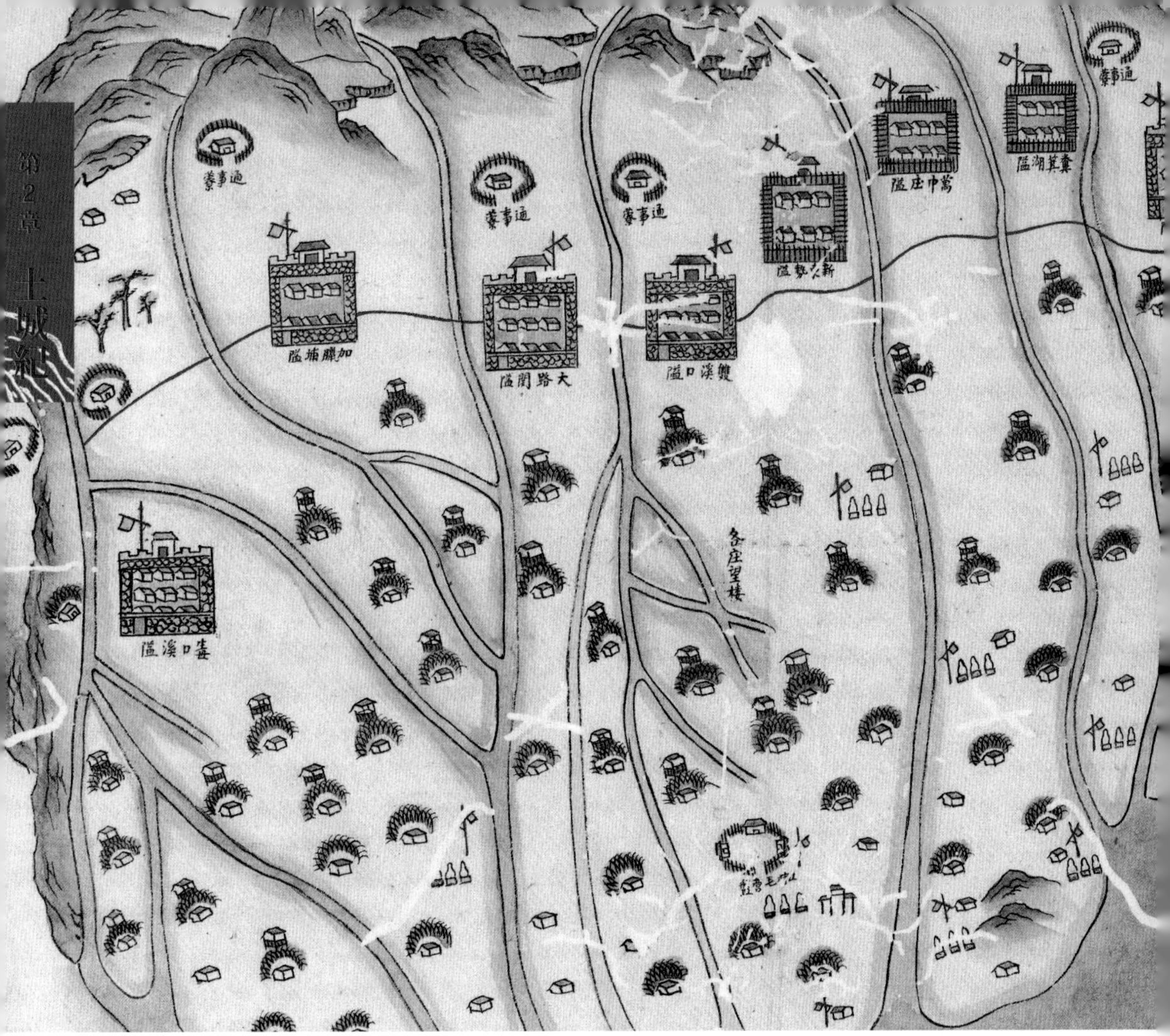

那就是同樣在下淡水平原上耕種的客家移民。

下淡水地區的客家族群祖籍以潮州府山區縣份為主（後來獨立為嘉應州），分布在東港溪以東的港東里（竹田、內埔、萬巒、麟洛、長治一帶），以水稻種植為業。杜君英雖然講的是潮州話不是客家人，但因為長年活動於竹田、內埔一帶，和客家族群算是相當熟悉，據說起義之初，杜君英曾邀客家族群一塊起義，但遭到客家族群的拒絕。

客家族群不但拒絕參與起義，甚至起義的一開始便組織民兵嚴守家園，嚴防起義軍入侵。後來朱一貴事件中規模最大的一場戰爭，也發生在下淡水地區的客家義民與起義軍之間。那麼下淡水的客家族群為何要高舉滿清皇帝的萬歲牌，

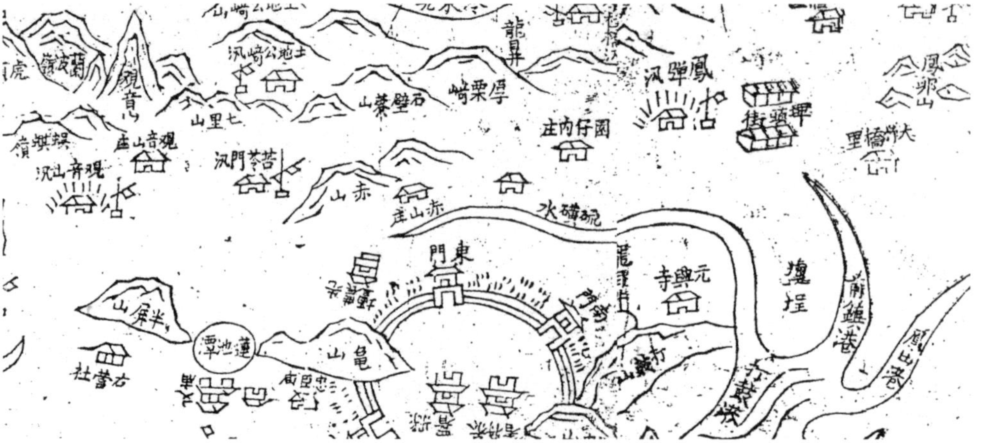

與似乎毫無接利害關係的起義軍作殊死的對抗？難道客家族群真是基於忠君愛國之赤誠使然？

台大教授李文良在其著作《清代南台灣的移墾與「客家」社會（1680—1790）》上寫道：「朱一貴事件震驚朝廷，帶來清領後台灣首次大規模的行政改革。戰後官府推行的眾多改革，都指向強化地方控制以防備動亂……下淡水地區以雇傭佃耕為主的粵東百姓，因為動亂期間協助官府抵禦匪徒而成為義民……但粵民單方面的勢力擴張，影響了南台灣社會的平衡，引起官府的猜忌與防備。隨著朱一貴事件而高漲起來的閩粵族群對立。成為官府重要的策略。」

簡單的說，李文良認為朱一貴事件之後，從中央到地方的清政府官員，意識到朱一貴事件之後，雖然有必要抑制客家義民高漲的「氣燄」，但因事件所引發的「閩客矛盾」卻是可以利用的治理手段。事件之前，清政府的官員一直利用漢「番」之間的矛盾大搞平衡之術，現在他們發現到「閩客矛盾」也可以如法炮製，加以利用。

清政府官員利用「閩客矛盾」並不算是突發奇想，其實他們在台灣採取的社會治理手段，一直在利用人民之間的內部矛盾。朱一貴事件之後，下淡水的客家族群「異軍突起」，對鳳山縣一貫的空間治理格局，形成了新的態勢與新的挑戰。因此清政府官員，從中央到地方，必須面對鳳山縣這個全新的局面，提出新的治理方案。

■1764(乾隆29年)王瑛曾《重修鳳山縣志・鳳山縣圖》局部

康熙冰冷的勸誡：小心禍貽未來

康熙二十二年平台之後，清政府的官員便對台灣在地的漢人採取一種幾乎完全不信任的態度。康熙末年曾擔任諸羅縣令的季麒光，在〈條陳台灣事宜文〉上寫道：

「故台灣之難，不難於治土番，而難於治奸民，更難於安良民以化奸民也。」清政府官員不但不信任明鄭政權遺留下來的台灣在地漢人，連台灣的駐軍也不信任。季麒光在其他條陳上還寫道：「台灣之兵……多係投誠之兵……不托身於營盤，而潛踪於草地，似民非民，似兵非兵」。他說台灣的駐軍原本是鄭家軍，所以忠誠度本來就值得懷疑，而且他們大多是閩南人，很容易就潛藏在民家，軍民難以區分。既然軍民皆不可信任，那麼台灣又該如何治理？

在以海防為國家安全的政策主軸之下，康熙迫不得以將台灣納入版圖後，清政府面對這群忠誠度可疑的軍民，只能消極的尋求社會治安的穩定局面，並不積極的進行移民、開發土地資源。

不但朝廷的態度如此，連在台任職的官員對台灣在地漢人迥異於內地的草莽性格也大不以為然。從官員的宦遊之作可以看出，在他們眼中，台灣在地漢人的「文明」程度大概只比原住民高出一些些罷了。

因此他們認為最好的治理方案就是維持現狀，不需要改變明鄭遺留下來的治理格局、政策，甚至比內地還高幾倍的稅率。此外清政府還採取回鄉簽證的管制辦法，嚴格限制內地人民進入台灣。所以早期中央政府一直

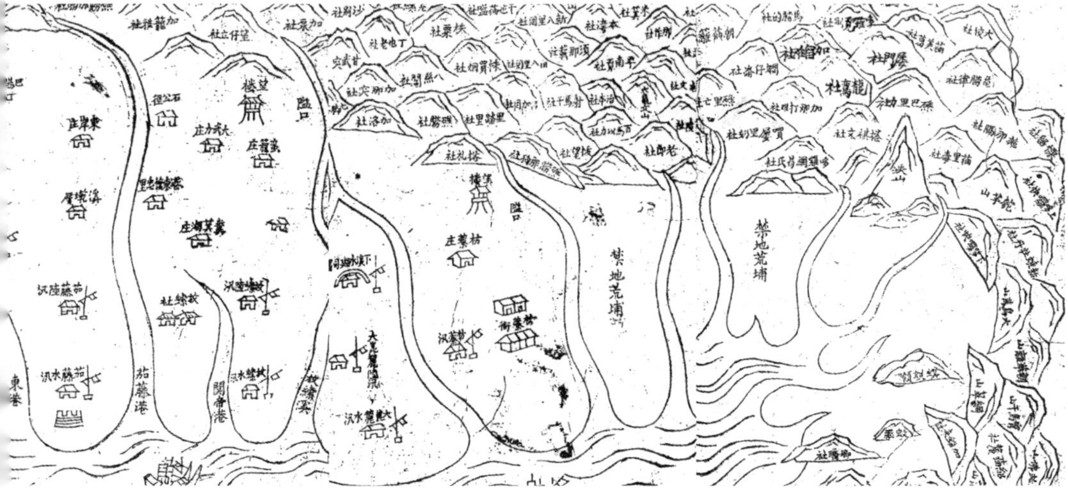

■1764(乾隆 29 年)王瑛曾《重修鳳山縣志 ‧ 鳳山縣圖》

不答應台灣開徵築城捐，這個政策的背後，應該也潛藏了一種不信任的心理狀態，不但不信任百姓，也不信任駐軍。

甚至到了康熙五十年之後，由於閩粵地區對台灣生產的稻米需求量大增，引發台灣各地如火如荼的進行「水田化運動」增產水稻，從而造成了勞動力的短缺時，閩浙總督覺羅滿保和台廈道道台（觀察使）陳瑸上奏康熙，希望擴大台灣墾荒的範圍，同時解除內地渡台的禁令。可康熙卻冷冷的告誡他們，如果只是為了錢糧稅收就輕易的廣招移民、開山墾荒，那會是「禍貽未來」的短視之舉。

北京皇帝的治國視野顯然不同於地方官員。既然皇帝的意向已經表明的很清楚了，覺羅滿保、陳瑸還能堅持甚麼呢？之後他們的治台政策也只能日趨保守。

在社會治理上，清政府的在台官員基本上是利用漢人、熟番（平埔族群）與生番（未歸化的原住民）各自生存的領域所形成的格局加以制衡。其中「熟番」平埔族群是清政府官員重點爭取的對象，他們一方面利用「熟番」來防禦「生番」，作為漢人活動區域與「生番」之間的緩衝。另一方面還將「熟番」組織起來，作為鎮壓漢人叛亂的輔助力量。

早期清政府因為不信任在地漢人，不曾考慮在漢人族群中發展團練民兵。所以朱一貴起義之初，府城總鎮派出的援軍中有四大社的「熟番」，卻沒有漢人民兵。朱一貴事件之後，清政府的官員又發現客家族群是一支可加以利用的力量。

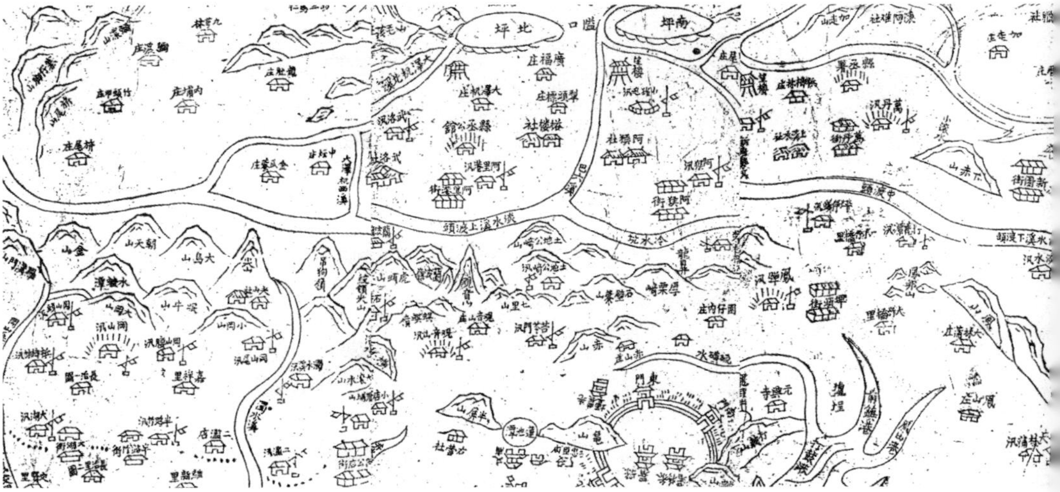

鳳山縣的三重地理空間結構

在地理空間的規劃上，清政府早期幾乎完全延續了明鄭時代的理念。清政府官員將鳳山縣畫分為三大區塊。分別是高屏溪以西到海岸線的漢人活動區域；潮州斷層以西至高屏溪之間，平埔族群鳳山八社的傳統領域；潮州斷層一線以東的山地，則屬於山豬毛（山地門）、傀儡山（大武山）、郎嬌（恆春）「生番」的勢力範圍。

鳳山八社平埔族群介於漢人區域與「生番」區之間，形成了天然的緩衝作用。期間內門山區、鳳山山脈與下淡水溪（高屏溪）也形成了天然的屏障，所以汛塘防兵沿線部屬，算是保障漢人農墾區的第一道防線。

高屏溪以西到海岸線，居民以漳泉移民為主。明鄭時代在此區內畫分為依仁里（台南仁德、歸仁區）、永寧里（台南灣裡）、新昌里（台南鹽埕）、長治里（路竹）、嘉祥里（阿蓮、田寮）、維新里（路竹、彌陀）與仁壽里（岡山、梓官），清政府繼承了這個畫分，連名稱都沒改變。

此區經過明鄭屯田軍的開發，已形成了前鎮、後勁、右衝（右昌）、援剿右（燕巢）、前鋒尾、左營、中衝崎、畢宿（筆秀）、角宿（角秀）、仁武、北領旗（領寄）等沿著縱貫線分佈的古老聚落，這些聚落原來都是鄭家軍的駐屯之地，後來形成了現今聚落的基本格局。明鄭時代萬年州的州治並不在興隆庄（左營），而是在

■從圖中可約略分劃出漢人和平埔族、生蕃之間的聚落分布

二仁溪畔的二層行，清政府將鳳山縣治推進到興隆庄算是一大進步。

此區塊比較複雜的要算是阿猴林（內門山區）。按說，清政府一向不喜歡漢人在山區活動，但阿猴林自荷蘭時代就是大員地區主要的薪材供應地，所以長久以來，許多漢人在此燒炭維生。更重要的是，此區內有維修水師戰艦所需要的原木，所以不得不開放工匠入山取材。為了監視此一山區的活動，大崗山下的康篷林汛就顯得格外重要。朱一貴在阿猴林起事後，第一仗就在此開打。

領台之初，清政府原本希望將鳳山縣治設在今天的鳳山市區，因為此地不但位居鳳山縣的核心位置，更因位居高屏溪畔、阿猴林（內門山區）與鳳山山脈之間的交通樞紐上，地理條件十分優越。

後來在海防優先的政策考量下，縣治所在讓位於鄰近萬丹港、打狗港的興隆庄。但整個清代，鳳山庄（下埤頭街）的繁榮程度一直在興隆庄之上，這是由地理條件所決定的，即使是經過國家政策的強力扭曲也難以轉移。

另一個地理區塊是潮州斷層一線以東的山地，此區塊為山豬毛（山地門）、傀儡山（大武山）、郎嬌（恆春）「生番」的勢力範圍，為了避免多餘的治安事件，以及增加管理成本，此區被清政府列為禁區，嚴格禁止漢人進入。

位於前兩區塊中間的是，潮州斷層以西至高屏溪之間的平埔族群鳳山八社的傳統領域。鳳山八社分別是力力社（屏東崁頂、新埤）、加藤社（佳冬）、放索社（林邊）、下淡水社（萬丹香社村）、上淡水社（萬丹社口村）、阿猴社（屏東市區）、搭樓社（里港）、大澤機社（美濃）。此地

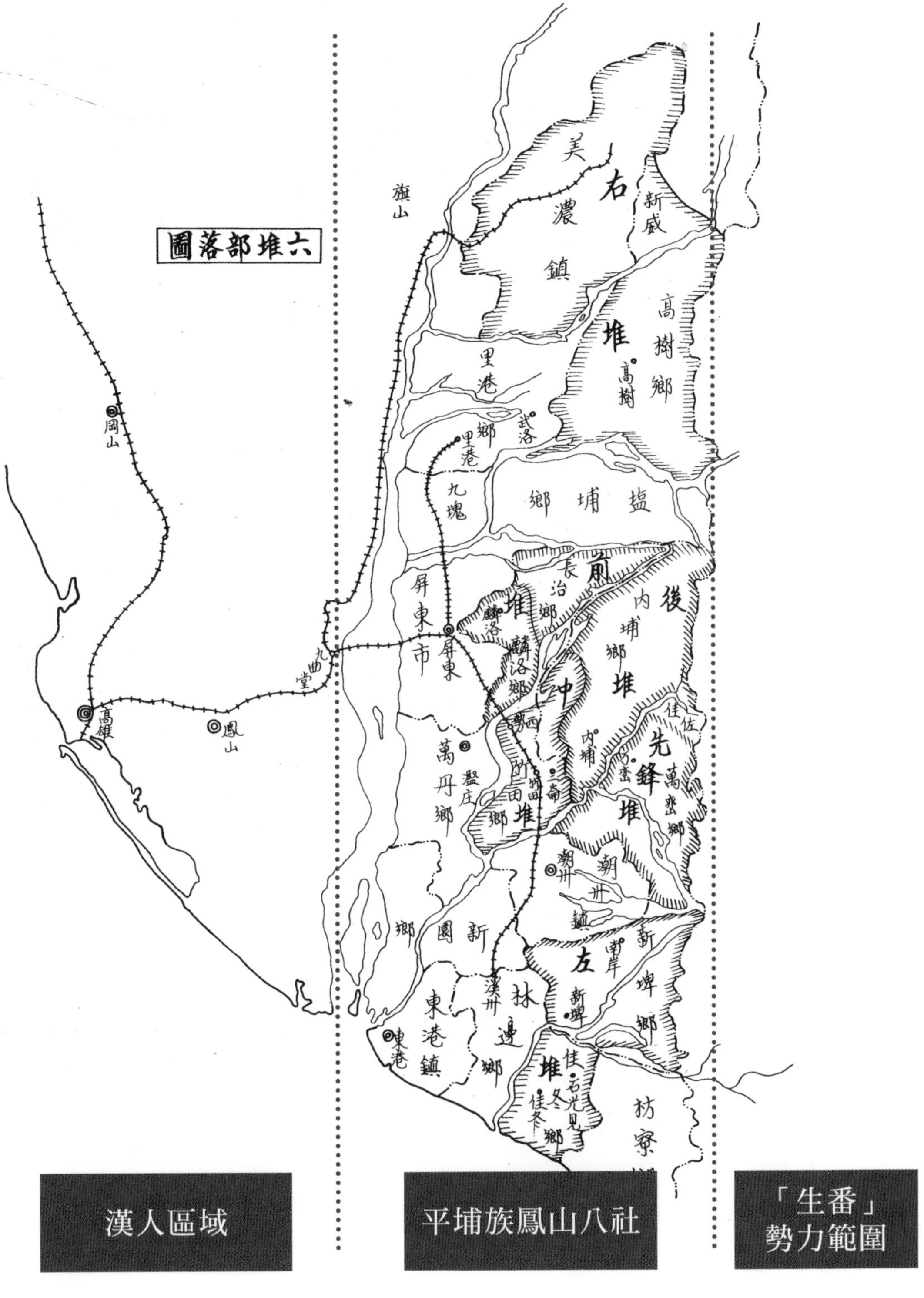
六堆部落圖
旗山
岡山
高雄
鳳山
九曲堂
美濃鎮
右堆
新威
高樹鄉
高樹
里港
里港鄉
武洛
九塊
塩埔鄉
前堆
長治鄉
後堆
内埔鄉
屏東市
屏東
麟洛鄉
中堆
竹田鄉
竹田
先鋒堆
萬巒鄉
萬丹鄉
潮州鎮
潮州
新園鄉
左堆
新埤鄉
新埤
林邊鄉
東港鎮
東港
佳冬鄉
佳冬
枋寮
漢人區域
平埔族鳳山八社
「生番」勢力範圍

又稱為下淡水平原。

■1764(乾隆 29 年）王瑛曾《重修鳳山縣志・鳳山城圖》

下淡水平原是鳳山縣最具關鍵地位的地理區塊

這是一個具有關鍵地位的地理區塊，不但水土豐美，更是防御「生番」的前沿。鳳山八社很早就歸順清政府，並向清政府繳納「番餉」，起初鳳山縣官方並不鼓勵漢人在此開荒，但在協助番餉交納的前提下，鳳山縣衙也允許墾號（土地開發公司）承租鳳山八社的傳統領域，從事水稻或甘蔗的生產。兩方發生利益上的衝突時，清政府基本上是以鳳山八社的利益為優先考量。

例如康熙四十六年下淡水社（萬丹鄉香社村）與府城商人合組的「何盧李」墾號發生訴訟時，知縣宋永清就判決「何盧李」墾號敗訴，由下淡水社重新取得了頓陌庄（屏東竹田鄉）的大租權。

清政府之所以在政策上傾向平埔族群，一方面是希望鳳山八社的平埔族群能作為政府、漢人與「生番」之間的緩衝與屏障，另一方面又可作為鎮壓閩南族群的後備力量。後來大概是鳳山八社平埔族群的

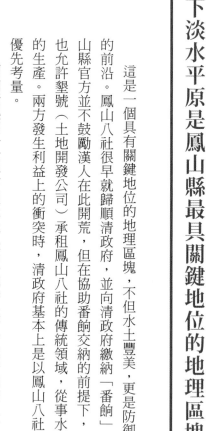

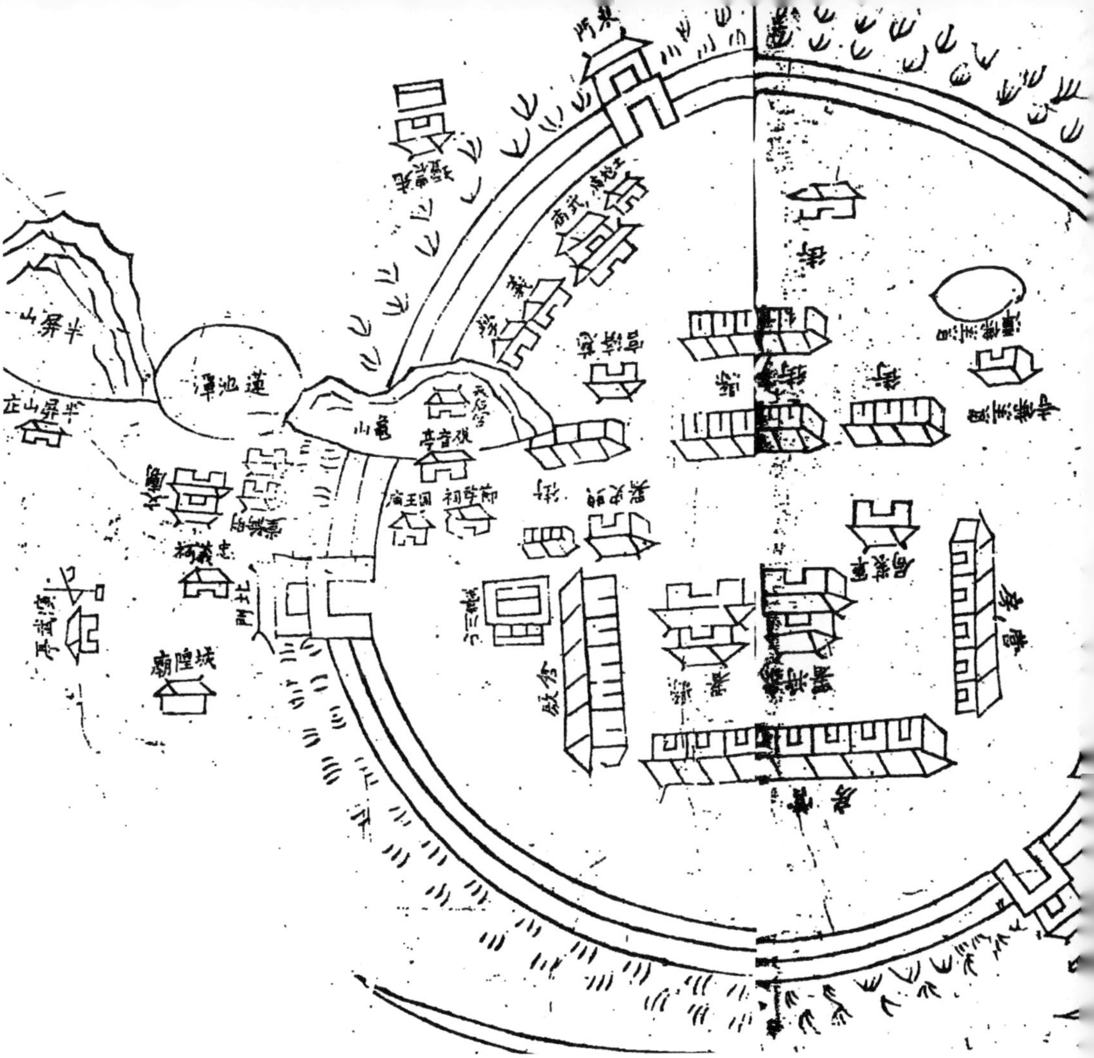

力量實在太薄弱了，清政府的兩點訴求都難以達成。例如鎮壓朱一貴第一波起義時，南路的鳳山八社完全使不上力，台灣總鎮署必須遠從北路調動四大社的民兵到鳳山縣平叛。

清政府對下淡水平原的重視程度可能超過明鄭時代。明鄭時代屯田地區僅限於高屏溪的西岸，當時可能已經有漢人越過高屏溪，進入下淡水平原從事蔗園經營，但明鄭官方並沒有將下淡水平原納入徵稅的範圍，也沒在此設置「里」這個層級的行政區畫。

而清政府至晚在康熙中葉，就將下淡水平原以東港溪為界，畫分為港東里與港西里，並在東港設立下淡水巡檢司署。當時興隆庄雖然是縣治所在，實際上，官員都在府城處理公務，下淡水巡檢司署是鳳

■1764(乾隆 29 年) 王瑛曾《重修鳳山縣志 · 學宮圖》

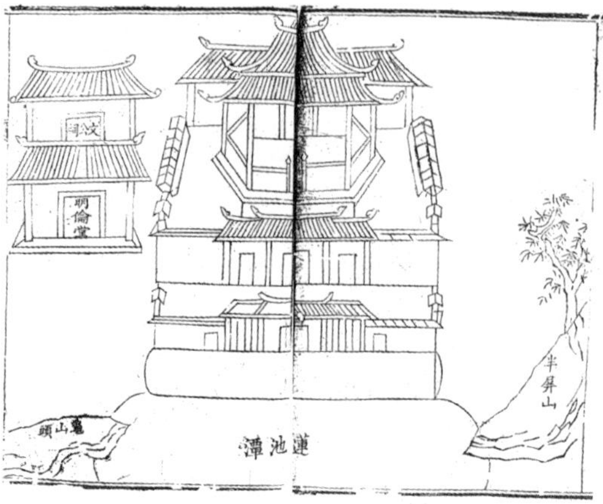

山縣唯一派官員駐守的地方，可見其地位之重要。不過清政府對下淡水的重視可能是出於海防上的考慮。

當時港西里以閩南人為主，主要是從事蔗園經營。這兒出產的蔗糖經由東港出口，年代已經相當久遠。客家人進入港東里究竟源於何時，已無從判斷。不過從康熙四十六年下淡水社與「何盧李」墾號之間的訴訟案，可看出下淡水社背後的影武者應該是客家籍的佃戶，所以客家人進入下淡水區域應該不晚於康熙四十年代之前。

當時台灣蔗糖的出口完全掌握在閩南族群的手中，所以客家族群基本上不參與蔗園的經營，專注於水稻的種植。屏東隘寮溪以南的下淡水平原受惠於豐沛的地下水源，特別適合種植水稻，所以客家移民的湧入應該是看準了這點。

特別是康熙四十年後，台灣稻米輸出因閩粵兩省的迫切需求而大幅大增，台灣各地興起了「水田化運動」。客家族群可能也是在這個時期大舉進入下淡水平原拓植水稻。但是客家族群進入下淡水平原的真實過程，至今仍鮮為人知，是一個未解的謎。

客家族群在下淡水平原上不動聲色的擴展

傳統閩客之間的矛盾源於原鄉，在朱一貴事件之前，客家族群在台灣雖明顯的處於弱勢，但閩客之間並無不可化解的利益矛盾。朱一貴事件爆發，正好給下淡水地區經濟實力日漸強大的客家族群一個效忠朝廷的機會，藉此獲得身分上的認同。因為在此之前，下淡水的客家族群的祖籍絕大多數是粵東的山區，一直被台灣的閩南族群與福建當局視為「外省人」，所以在台灣客家族群並不具有開發土地、永久定居的法律地位。

康熙四十三年奉文歸治後，鳳山知縣宋永清向府城的墾號核發了幾份下淡水平原的墾照（開墾執照），其中康熙四十六年與下淡水社發生訴訟的「何盧李」墾號也是其中之一。奇怪的是，《鳳山縣志》關於新增的田園資料，在康熙四十三年之後竟然是一片空白。而乾隆時期出版的《重修鳳山縣志》，康熙四十三年到六十一年之間，新增的田園資料也是一片空白，而此時正是下淡水平原進入大開發的階段，為什麼在這十七年間，鳳山縣完全沒有增加一分新墾田園？難道宋永清所核許開墾的田園都沒有列入賦稅清冊？

或許康熙四十六年下淡水社與「何盧李」墾號的訴訟案可以解釋部分的原因。下淡水社勝訴之後，頓陌庄的水田並沒有向鳳山縣陞科賦稅，只是以「番餉」的名義繳納稅賦，所以鳳山縣並沒有將之列為新墾的田園紀錄。

由於下淡水社頓陌庄的佃戶都是客家人，所以下淡水社與「何盧李」墾號之間的訴訟，真正的得利者其實是客家佃戶。因為他們只需向下淡水社繳納少許的大租，就不必再向官府陞科賦稅。之後他們更利用下淡水社的經濟困難，以借貸稻穀的方式獲得了田地的永佃權與交易權，從此成為了土地的主人，而得以永久居留台灣。或許客家族群就是利用這種模式在下淡水平原上不動聲色的擴展。

台灣當時屬於福建省，大多數的客家族群因為原籍廣東，在法令限制下，很難在鳳山縣取得開墾執照。當時如果無法取得土地的主導權，就很難在台灣定居下來。正是如此，這才能解釋下淡水的客家族群趁著其他族群揭竿起義之時，反而高舉著滿清皇帝的萬歲牌，與看似無直接利益衝突的起義軍作殊死戰，其目地就是想取得福建當局對他們在下淡水平原上生存權的認可。後來閩浙總督覺羅滿保在事件之後，對六堆民軍大肆封賞，稱之為「義民」，應該是滿足了客家族群的期望。

驚魂未甫的官員還未察覺興隆庄的優勢漸失

下淡水平原上的客家人致力於水稻經營，康熙四十年後，受惠於稻米輸出需求的旺盛，經濟實力逐漸壯大，人口也快速增加。從朱一貴事件時他們組織了高達萬餘人規模的義勇軍，便可看出他們的實力。朱一貴事件之後，下淡水平原的客家族群正式進入了清政府官員的視線。雖然閩浙總督覺羅滿保對鎮壓朱一貴事件有大功勞的下淡水客家族群進行大肆封賞，但是清政府在台的地方官員很快的就冷靜下來，開始評估下淡水地區客家勢力的抬頭是否是一件「好事」。

來台鎮壓朱一貴事件的漳州籍南澳總兵藍廷珍，在事件

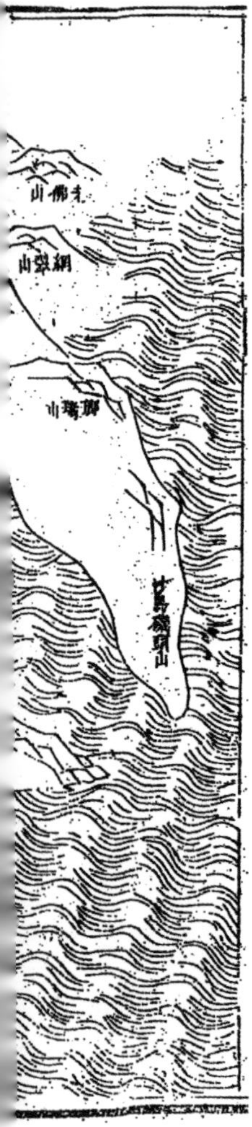

■1774(乾隆39年)余文儀《續修台灣府志 ・ 鳳山縣圖》

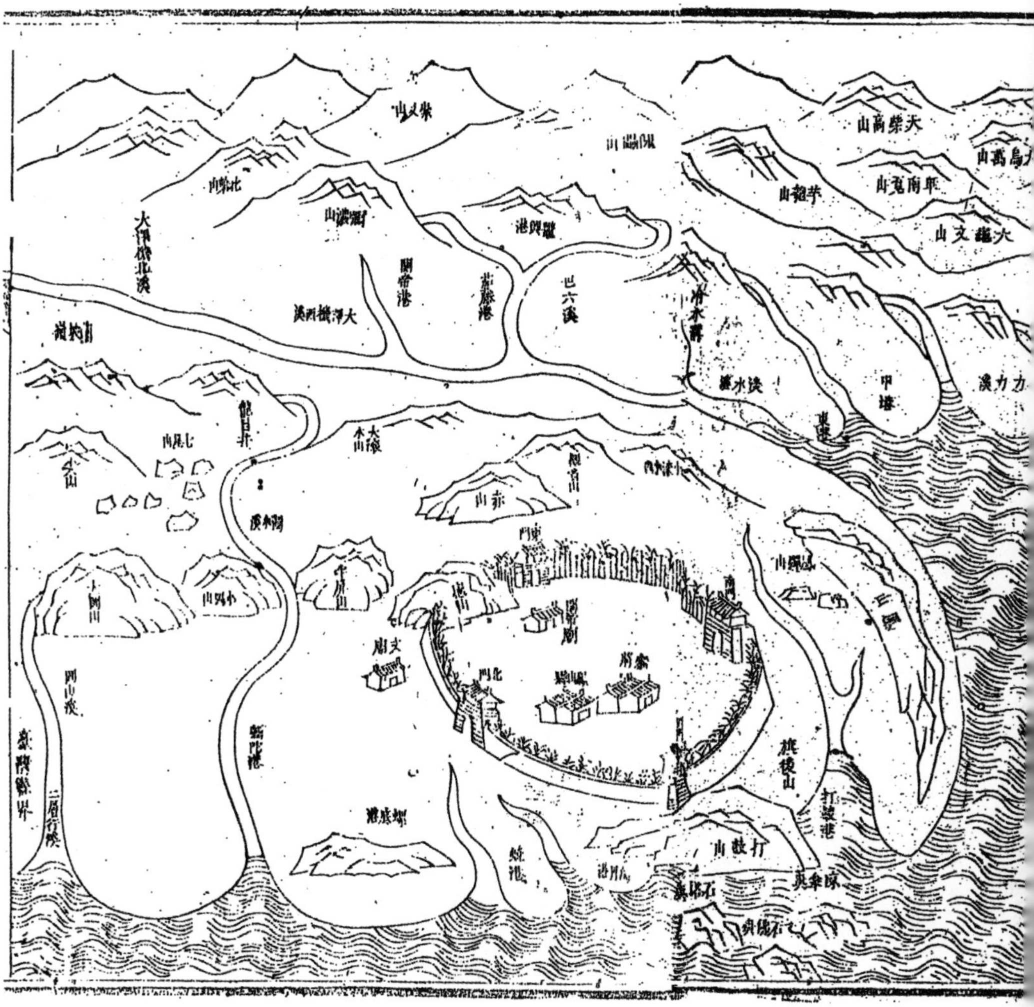

之後立即面對了下淡水地區漳州籍住民與客家領袖之間的仇殺事件；控制兩岸航運的泉州人，則揚言要在兩岸的港口誅殺客家人；第一任巡台御史黃叔璥也認為要對客家族群「殺其勢」，不能任其坐大。顯然清政府官員在族群治理上必須極為「理性」，稍有失衡便有引發動盪之虞。但是真正影響鳳山縣行政格局的大勢，這些被「治亂」搞得暈頭轉向的官員們，似乎還沒有真正察覺。

因為下淡水平原旺盛的稻米經濟，使得下埤頭街（舊鳳山市）的商業地位大幅提升，而興隆庄縣治的地位受到了前所未有的挑戰。朱一貴事件之後，驚魂未甫的鳳山縣官員似乎並未查覺這個經濟中心轉移的趨勢，未加思索，便急急忙忙的在興隆庄構築土城，事後

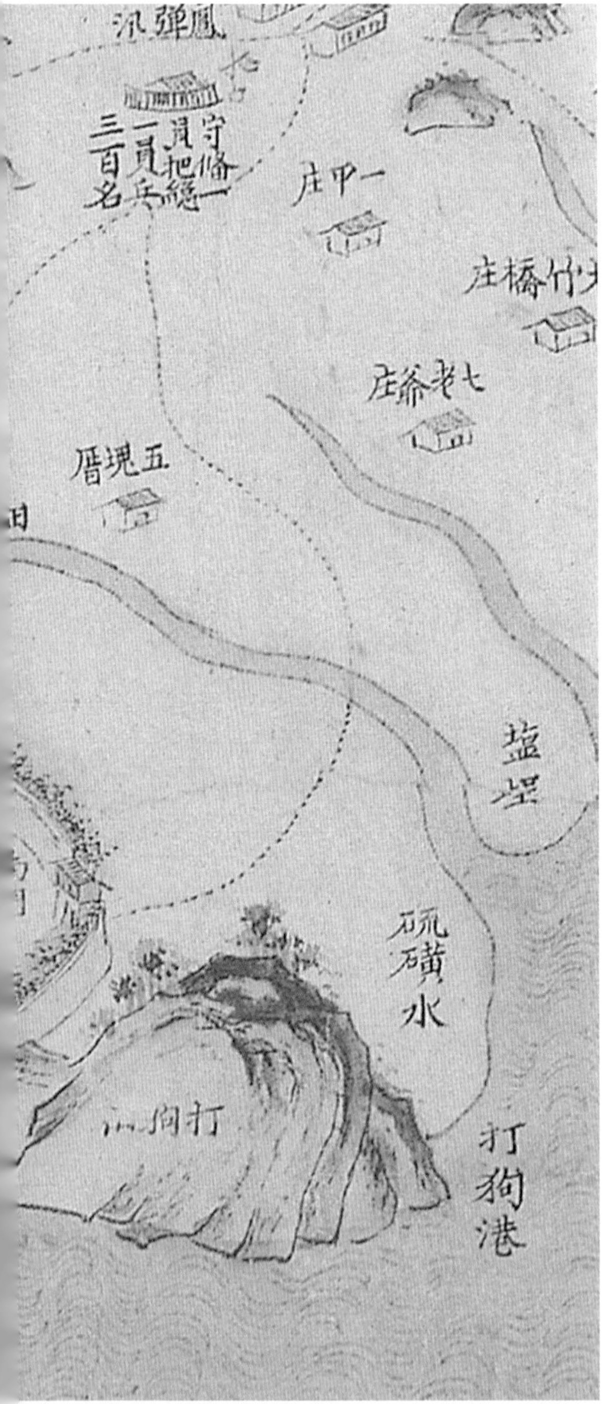

■乾隆中葉《乾隆台灣輿圖》中所繪的鳳山土城。

證明這其實並不是一個明智的決定。

之後福建當局對鳳山縣民政、軍力佈署的調整如下：「羅漢門中埔庄設防兵三百，千總一員；下淡水守備營帶兵五百，駐新園；設岡山守備，帶兵五百扼守羅漢門諸山出沒竇徑；添設鳳山縣丞一員，駐笥搭樓，稽查阿猴林、篤佳等處，彈壓東南一帶。」看來也僅僅是針對朱一貴事件，所作出的反射動作，並沒有通盤的檢討。

於是新的動亂開始「胎動」，半個世紀後再度轟然爆發。

草潭
竹仔門
赤山汛
至下埤頭十里
中埔仔
大灣庄
先農壇
東門
半屏山
後勁庄
蓮池潭
龜山
關帝廟
右衝庄
義學
北門
文廟
西門
城隍廟
頂萬丹汛

土城不「土」，問題在於「土」

縣志雖沒有提到這座的土城的施工方式與經費，但我們還是可從事件發生後，第一任巡台御史黃叔璥撰寫的《台海使槎錄》中，約略的了解鳳山縣土城的施工方式與經費。書中提到朱一貴事件後，府城軍民也想仿效鳳山縣構築土堡。至於府城計畫中的土堡，他寫道：「圍築堡牆，約高一丈八尺，上寬一丈。每丈用土十四方，牆頂高三尺、寬一尺五寸，用土半方，供土十四方半。每丈八層，每丈用茅桿草四擔，共三十二擔……每丈約費銀六兩八錢……。」鳳山縣的土城只有一丈三尺高，以此估算，築城經費可能不到五千兩，甚至更低，應該是鳳山官員自行籌措的。《台海使槎錄》上只敘述土城的規格與用料，並未敘述土城構築的方式。有些學者以為這種土城只是單純的壘土堆積而成，其實這是嚴重的誤解。

夯土城可能是中國最古老的築城方法。華北地區的夯土城幾乎與華夏國家的歷史一樣久遠，歷史上第一個華夏國家就是建立在夯土城之內。漢字的「國」，圍住「或」的那個大「口」指的就是夯土城，可以說「國家」是建立於夯土城中的武裝力量。

華北地區的夯土城是使用當地特有的黃土夯實而成。這種黃土土質細緻、黏性高，窯洞就建於黃土層中，具有抗震的特性。一般地上建物也可用黃土夯築，即所謂的「版築法」。以版築法構築土牆時，以兩片木板為範，中間灌入黃土以重物夯實，然後逐層加高。層與層之間鋪上柳樹條或茅草桿以增加結構的強度。由於黃土的物理特性，經過夯實之後，土牆變得堅固異常，強度幾乎等同於三合土。

以黃土構築城牆，方法和版築法類似，只是厚度加大而已。華北地區氣候較乾燥，夯土城牆因雨水沖刷所造成的損壞較輕微，所以許多春秋戰國時代的夯土城牆至今仍屹立於遺址之中而清晰可辨。

上古時代華北地區夯土構築應用的範圍相當廣，不但城牆以黃土夯築，舉凡宮室、陵墓、大型台基無一不以黃土夯實而成。甚至到了近代，磚石普遍應用之後，夯土構築並未被放棄。許多近代構築的城牆，其實只有外層包覆上一層方磚、石塊，裏層還是以夯土構築而成。

之所以如此，並非只是為了節約經費，而是夯土構築比純磚石構築更經得起強震的考驗。尤其是華北地處強震頻發地區，城牆構築抗震的能力必須特別考慮。城牆的外層包覆磚石，主要是為了防範雨水的沖刷，對結構的強度並沒有太多的強化作用。在氣候更乾燥的塞北地區，有些地方的城牆就只有單純的夯土，連城磚都省下來了。

台灣地處強震地帶，單純的磚石城牆也耐不住強震，但是想在台灣構築夯土城牆卻又不像華北那麼容易了。原因無他，就因為台灣沒有適合夯土構築的黃土。台灣雖然高溫多雨，並不利於單純的夯土構築，但還可用包覆磚石來彌補，但是如果沒有適合夯土構築的黃土那就難以解決了。

鳳山縣的第一座城池沒有以磚石包覆，固然問題多多，但是缺乏適合夯土構築的黃土才是致命的缺陷。所以當時鳳山縣的軍民對這個「急就章式」的土城，應該沒有抱持太大的信心，問題就出在土質上。

古代閩南地區用不起磚造建築的窮苦人家，發明了土磚房的建築。後來這種土磚房也流傳到台灣，就是俗稱的「土墒厝」。但「土墒厝」並不耐強震，所以土磚也不適合用來構築城牆。

現在某些學者對台灣磚石城牆的構築，往往糾結於朝廷的政策，卻忽略了清代官員常提到「地皆浮沙，震動不常，城易傾頹」的問題。事實上，所謂開放構築磚石城牆之後，台灣也沒有出現純粹的磚石城牆，因為實際工程上的問題往往更為複雜。

朱一貴之役隨軍來台的藍鼎元，事平之後撰寫的《東征集》也提到築城的必要性，但他認為不論是木柵城，還是土城皆不可行。他說木柵城所需之大木樁，必須從深山老林中砍伐遠運而來，費用太大，幾乎等同於磚石。而且台灣氣候潮濕，對木樁的損害很大，木柵城根本撐不了一年。

至於土城，他認為台灣土質「徹底粉沙，築之不堅，膠之不實……風雨一至，立見崩潰。將徒勞而罔功，……」他認為只有沙、灰、土調和之三合土方才可行，但三合土的經費和磚砌石壘也相差無幾，所以也不可行。最後鳳山縣限於經費，也只能構築這種「築之不堅，膠之不實……風雨一至，立見崩潰」的土城了。

但是鳳山縣如果真的構築磚石城牆，就能抵抗起義軍攻擊？以朱一貴起義軍的規模判斷，磚石城牆大概也起不了多大的作用。

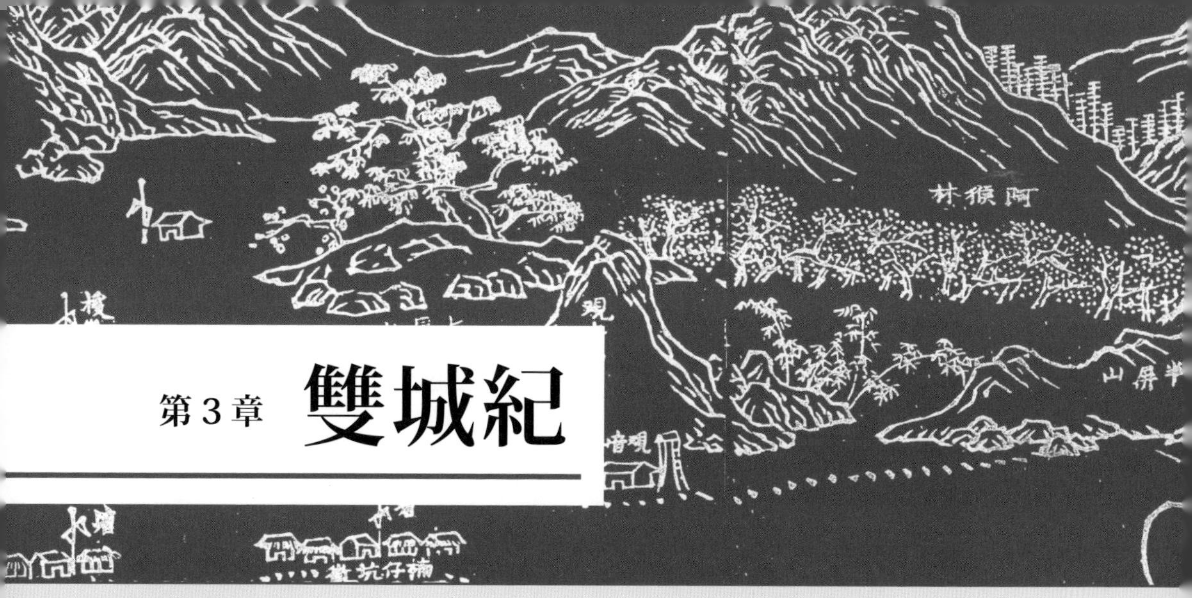

第3章 雙城紀

◆龜山八景——動亂前夕的寧靜詩篇

◆文明之光的閃現與熄滅

◆伴隨土地開發而生的動亂

專欄◆林爽文、莊大田起義始末

專欄◆清代台灣分類械鬥一覽

前言

台灣府領一廳四縣，延袤一千九百餘里
閩、廣人視為甌脫，歲挈妻子渡海謀生者趾相屬
地廣物衍，民競利而鄙廉讓
閩、廣之人各分氣類，睚眥之怨，糾鄉眾，持白梃以鬭
好事輕生，其習尚然也
所任一不得其人，奸民往往蠢動
而地大藏奸，民警時聞
——乾隆五十一年台灣彰化奸民林爽文作亂
《平台記事本末》

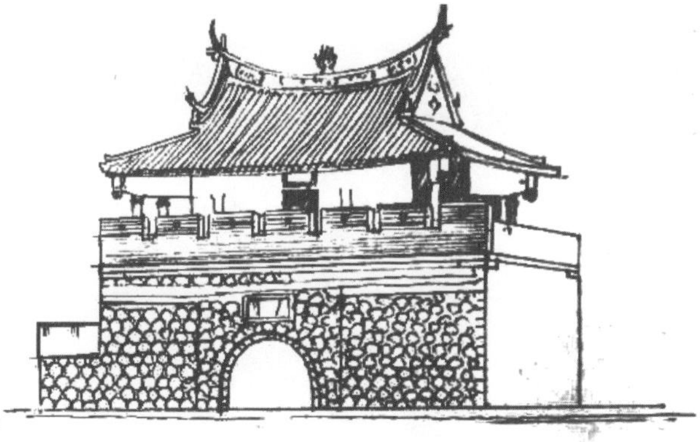

左營蓮池畔的龜山，石秀山青，算是左營的風水山。據左營文史作家廖德宗的考證，乾隆朝鳳山縣舉人卓肇昌所作的古詩「龜山八景」中的第一景「山嵐曙色」，應該是在清晨時分從春秋閣旁的蓮潭路向龜山眺望。不過現在從這個角度看去，龍虎塔遮掉了大半個小龜山，詩中的「玉女鏡」映照的不再是大小龜山，而是龍虎雙塔。想一想，在龍虎塔起造之前，蓮潭倒映著山嵐曙色中的大小龜山應該是很美的。所以卓肇昌將之列為龜山第一景是有他的道理。卓肇昌寫「龜山八景」時，應該是擔任屏山書院的山長，每天清晨他從廊後的老宅進城到屏山書院督課，可能特意繞路經此，可以想像這幅景致給他帶來詩詞美學上的啟示與愉悅。

龜山八景——動亂前夕的寧靜詩篇

卓肇昌乾隆五年（一七四〇）獲選拔貢，十五年（一七五〇）中舉。當時台灣文風未盛，除諸羅縣（嘉義）王克捷曾高中進士之外，舉人已是鳳毛麟角。更何況其中有些還是占用台灣名額的內地學子，真正台灣在地出生的舉人，可說是少之又少，卓肇昌就是稀有的「在地舉人」。

按說，拔貢只要在學期間通過國子監的學測是有任官資格的。另外，依照清代的慣例，舉人會試一科不中有擔任縣學教諭的資格，三科不第則有「揀選知縣」的資格。卓肇昌在參與編修《重修鳳山縣志》時所掛的名銜是「揀選知縣」，說明他是有擔任知縣的資格。

■ 今左營龜山蓮池潭畔之景觀（圖片來源：達志影像）

不過，乾隆時代「揀選知縣」因為人數過多，「揀選」的機會已微乎其微，所以絕大多數的「揀選知縣」如果沒有門路，終其一生，幾乎沒有機會候補得上知縣，甚至連縣學教諭也不可得之。從「揀選知縣」這個名銜推測，卓肇昌應該曾經三回「上京趕考」，可惜三回都名落孫山了，只得到一個「揀選知縣」的虛銜。

落第舉子，揀選無望，應該不會是一件令人高興的事。還好他的家境似乎還不錯，可以不需為生活奔波，所以縱情山水，倘佯於詩詞歌賦，似乎是卓肇昌唯一所能作的選擇。

據說他一生的詩作曾集結為《栖碧堂全集》，可惜生前並沒有付梓，多年之後，藏於廊後老家的原稿也散失殆盡。幸運的是，因為曾參與編撰《重

修鳳山縣志》，卓肇昌將自己及父親卓夢采的部分詩作選入了《縣志》，所以至今我們才得以一睹其詩詞之才情。

關於卓肇昌，除了史料文獻上的記載之外，左營的鄉人也流傳不少關於他的傳說，有些把他說成是文曲星下凡的能人異士，連神仙都要避讓他三分。有些則不是那麼正面，不過最奇特的是，據說他過世的那天，正逢梓官城隍廟主神開光，於是鄉人認為他成仙而去，赴任新職，成了梓官城隍廟的主神。城隍爺也是一縣之長，尊他為城隍，或許是鄉民感於卓肇昌一生官運欠佳，「城隍爺」算是對他的「追封」吧！

雖然《棲碧堂全集》已佚失，但卓肇昌留下的文字並不算少，不過這些文字幾乎全部是詩詞歌賦，內容不外乎「鳳

■ 林爽文事變戰況激烈。

山八景」、「鼓山八詠」之類，歌詠鳳山縣的各處美景，完全沒有個人、家族事蹟的敘述，也沒有經學致世之主張。所以至今我們對卓肇昌的思想、主張完全不瞭解，連生平事略也很難說出個具體的情節，甚至他的生卒年代都無法確定。只知他得年五十四，根據中舉、編修鳳山縣志的年代推算，他大概生於一七一〇年代，卒於一七六〇年代，僅此而已。如果真想從他遺留下來的詩詞歌賦，了解他的生平，大概只能從〈三畏軒竹枝詞〉和〈三畏軒偶成〉一窺其生活片段。

「三畏軒」是義學屏山書院的東廂，據說卓肇昌晚年擔任屏山書院的山長，「三畏軒」應該是山長的起居室。從〈三畏軒竹枝詞〉的內容可以看出，卓肇昌似乎將「三畏軒」作為他避靜之處。龜山的風情對卓肇昌而言，好比唐人詩中的終南山，是抑鬱不得志的抒發對象。「想像清光月影寒，**幽懷日窄帶應寬。棄繻未了書生債，背立閒庭漏已殘。**」由此可見，卓肇昌在「三畏軒」的歲月，精神上是很淒苦的。

文明之光的閃現與熄滅

數十年的苦讀終究未能一展抱負，只能幽居於龜山下的學廬之中了此餘生，心中能不

生悽苦之情嗎？或許因為鬱抑不得志，使得卓肇昌對現實生活失去了觀察的興致。連一生都生活其中的鳳山縣城，除了龜山風月外，他幾乎完全不曾著墨。鳳山縣城內的林林總總，除了「三畏軒」外，他也不置一詞。因此我們完全無法從卓肇昌的詩詞了解鳳山縣城內的情景或是日常生活的點滴。

卓肇昌的後半生幾乎幽居於屏山書院，對他個人而言並不算圓滿，但是以鳳山縣的歷史而言，卓肇昌的一生可說是鳳山縣由草莽時代跨入文明的轉折，意義非比尋常。一個在地培育出的學子經過詩禮的教化，雖然未能實現其經學治世的抱負，但總算能以在地學子的身分參與編修縣志，並擔負起教育下一代學子的重責大

■ 福康安將軍經廈門渡海來台平亂。

任。文明之光已在鳳山縣點燃，鳳山終於脫離蒙昧的草莽時代。但文明與文化象徵的鳳山縣城是否真能使鳳山縣擺脫類似朱一貴事件的動亂，而持續向文明發展？答案似乎是否定的。

卓肇昌逝世莫約十多年後，亂事再度降臨，規模甚至遠大於朱一貴事件，鳳山縣城雖然已經構築了土堡、城壕、砲台，依然被洶湧而至的起義軍兩度攻陷，城內卓肇昌所熟悉的一切，都被徹底摧毀。

乾隆五十一年十二月響應彰化縣林爽文起義的鳳山縣篤加港（屏東里港）人莊大田率領的起義軍由龜山攻入縣城。首當其衝的就是龜山下的屏山書院，陪伴卓肇昌度過後半生的「三畏軒」至此片瓦無存，淪為廢墟。亂事在持續了一年多之後，才得以平息。

林爽文事件的起義領袖北有林爽文、南有莊大田，兩人的背景十分類似，他們和朱一貴事件的領導人朱一貴、杜君英一樣，都是來台開墾的第一代。林、莊二人原籍同屬漳州平和縣，都在幼年時和父母親一塊渡海來台。他們落腳的地方都在距離山區不遠的邊陲地帶，林爽文在大里杙（今台中大里區）；莊大田在靠近山豬毛（三地門）附近的武洛庄。經過家族集體的打拼，他們由赤貧的傭工成為擁大批田產的土豪。

或許林爽文與莊大田原本有機會培養他們的下一代像卓肇昌一樣，經由科考而上升為地方的仕紳階級，甚至進入官場，與帝國的中央政權發生連繫。但歷史並沒有給予他們這樣幸運的機會。因為他們在擴展土地的階段便宿命的和「分類械鬥」結下了「不解之緣」，而與卓肇昌家族發展的模式分道揚鑣。

和朱一貴事件一樣，歷史學者至今也未能總結出林爽文事件爆發的原因。如果與幾乎同時發生的北美獨立戰爭比較，林爽文事件的爆發更加令人撲朔迷離。領導北美十三州獨立戰爭的建國者不是大地主、奴隸主就是資本家，他們獨立建國的目的一目了然，因為殖民母國資本家的利益對殖民地的資產階級已經構成威脅，只有尋求獨立建國，才能維護自身利益。

一般人以為北美獨立戰爭的導火線是殖民政府加重了茶葉的進口稅，其實正好相反。殖民政府為了圖利英國本土的進口商，大幅降低了茶葉的進口稅。而此舉嚴重的打擊了北美十三州在地的茶葉走私業者，使得他們囤積在倉庫中的大量走私茶葉，失去了競爭力，而血本無歸。最後這些走私商人竟然動手將合法進口的茶葉扔到港中，打響了獨立戰爭的第一槍。後來北美殖民地的大地主、資本家出身的建國者，打贏了獨立戰爭，建立了全世界第一個資產階級的民主政權。

林爽文與莊大田如果和北美的建國者一樣，為了自身的利益與清政府對抗，似乎還比較容易理解。但是整個事件的過程，林爽文與莊大田的起義軍不但與官軍對抗，也和不同勢力的民團作戰，甚至自身又分裂為敵對的兩方。而根據清政府的檔案記載，林爽文與莊大田發家之後，收留不法分子似乎成了他們唯一最感興趣的事。真是如此嗎？而他們這麼作，究竟所為為何？

清政府的紀錄不斷強調林爽文與莊大田是性格陰騖狡險之徒，喜好結交少年無賴、犯罪份子。只要坐過牢、作奸犯科之人投奔到他的莊園，林爽文與莊大田無不熱誠接納。甚至說莊大田還特意越過高屏溪到大樹一帶結交逃犯。而他們之所以如此，目地就是要造反。這與其說是起事的原因，還不如說是事後羅織的罪證與醜化起義者的手段。這和民間傳說卓肇昌是文曲星下凡，媽祖都要讓他三分，一樣令人懷疑。

伴隨土地開發而生的動亂

以任何的史料為研究材料時，包括清人撰寫的史料，都必須注意到撰寫者的立場問題。例如康熙末年接連出版的《鳳山縣志》《台灣縣志》與《諸羅縣志》不約而同的，都對廣東潮州籍的客家族群提出了另類的評價。而這些縣志的撰寫者都是漳浦籍的文人，他們不但對台灣的行政當局具有相當大的影響力，而且他們原本對廣東潮州籍的客家族群向漳州一帶發展就十分反感，現在他們發現客家族群正在台灣的邊緣地帶擴展勢力，因此感到憂心忡忡。

例如《諸羅縣志》上提到：「潮之大埔、饒平、程鄉、鎮平，惠之海豐……皆千百無賴為一庄，有家室者百不得一……盜牛竊箆，穿窬行兇而拒捕」；「各庄佃丁，山客十居七、八……客稱庄主，曰『頭家』。頭家始藉其力以墾草地，招而來之；漸乃引類呼朋，連千累百，飢來飽去，行兇竊盜，頭家不得過而問矣。田之轉移交兑，頭家拱手以聽，權盡出於佃丁。」；「客庄朋比齊力而自護，小故輒譁然以起，毆而殺人，毀匿其屍。」

《鳳山縣志》上寫道：「自淡水溪以南，則番漢雜居，而客人尤夥；好事輕生，健訟樂鬥，所從來舊矣。」

連客家族群較少的台灣縣，在縣志時也要對客家族群「含沙射影」一番：「台（指台灣縣）無客庄（……名曰『客人』，故庄亦稱客庄……漳、泉之人，不與焉。以其不同類也），比戶而居者，非泉人則漳人也，盡力

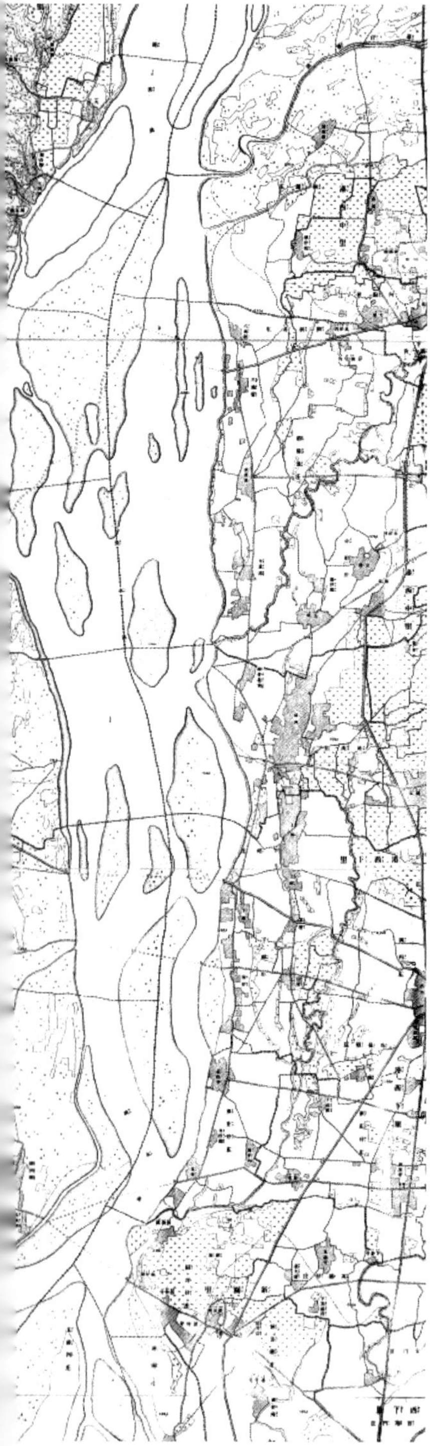

■ **1905(明治37年)《台灣堡圖・興隆庄・打狗港・鳳山街》**
乾隆年間莊大田攻陷鳳山城，事件平息後鳳山縣治改遷至下埤頭街。從後來日本時代的台灣堡圖中，可見打狗港附近的舊城與下埤頭的新城城廓。（圖片來源：中研院人社中心：台灣百年歷史地圖）

於南畝之間。……無生事、無非為，俗之厚也，風斯隆矣。」顯然作者藉推崇閩南語系居民的純樸風俗來影射客家族群「好生事與好非為」。

然而就在這幾本縣志出版不久後，康熙六十年爆發的朱一貴事件主要的領導人物卻都是漳、潮閩南語系的移民，潮洲籍的客家族群反而拒絕參與叛亂。可是事件平息後，參與鎮壓朱一貴事件的漳浦人藍鼎元在〈與吳觀察論治台灣事宜書〉一文中卻還要特別再提到：「廣東饒平、程鄉、大浦、平遠等縣之人，赴台傭雇佃田者為之『客子』；每村落聚居千人或數百人，謂之『客庄』。客庄居民，朋比為黨。睚眦小故，輒譁然起爭，或毆殺匿滅其屍……」

當時廣東潮州籍的客家族群在台灣算是「外省人」，他們在台灣的官府中不但沒有發言權，甚至沒有居留權，所以在官方出版的方志中只能任人「污名化」，而毫無自清的能力。雖然這些漳州文人一再指出潮州籍的客家族群「很難搞」，但同為閩南語系的漳、泉籍移民也並非完全如他們

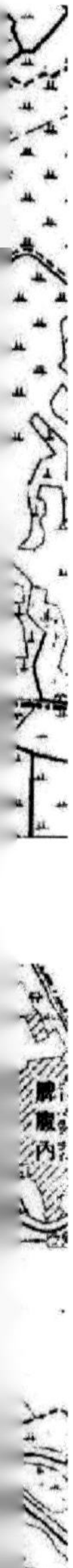

所說的：「盡力於南畝之間。……無生事、無非為，俗之厚也，風斯隆矣。」

乾隆四十七年彰化縣漳泉移民因爭奪土地而發生嚴重的衝突，之後許多漳州人逃入大里杙尋求林爽文的庇護。福建當局兩度派軍深入大里杙企圖強力鎮壓，終於引發了台灣史上規模最大的民變——林爽文事件。

台灣的移民與官府之間矛盾主要是在土地開發上的立場不同。移民當然希望不受限制的開發土地，而官方則基於治安上的考量，採取較保守的態度。土地開發的過程，移民在資金籌措與人力集結，往往是透過同鄉群體的協助。所以土地開發的同時，常常又形成了族群間的對抗。結果「分類械鬥」與「土地開發」，像是孿生兄弟一樣，貫穿整個清代台灣的歷史，而形影不離。

負責仲裁的官方行政權力，往往經過族群勢力的折射，不但無法公正的處理，往往還加劇了族群之間的矛盾。結果失勢的一方便將矛頭指向官方，最後終於以反叛的形式爆發出來。這應該就是林爽文事件的本質與成因。但起義之後，他們似乎除了「殺貪官」、「反清復明」之外就沒有其他具體的主張，他們可能對土地開發的矛盾問題還沒認識清楚。

有清一代，官方一直在利用族群間的矛盾搞平衡，因此移民在族群矛盾的激盪下，始終沒有機制可以整合起來，齊力對抗官府。所以台灣的大地主們也無法像北美十三州的大地主、奴隸主、資產階級一樣整合起來，趕走殖民政府，而完成了獨立建國的目地。

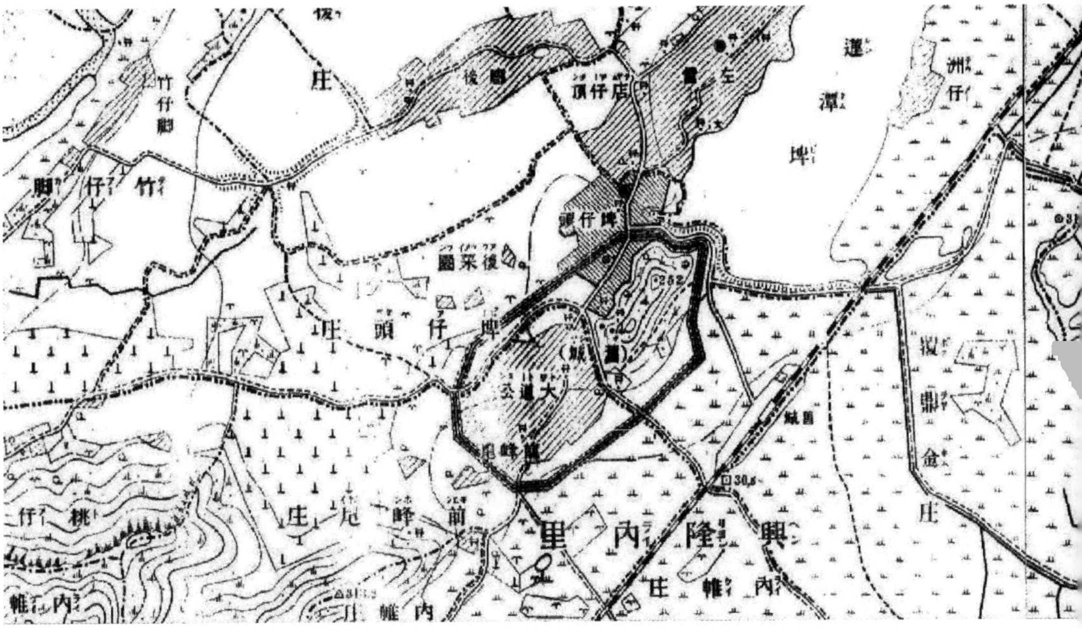

■ **1905(明治37年)《台灣堡圖 ・ 興隆庄》**
鳳山舊城城廓。（圖片來源：中研院人社中心：台灣百年歷史地圖）

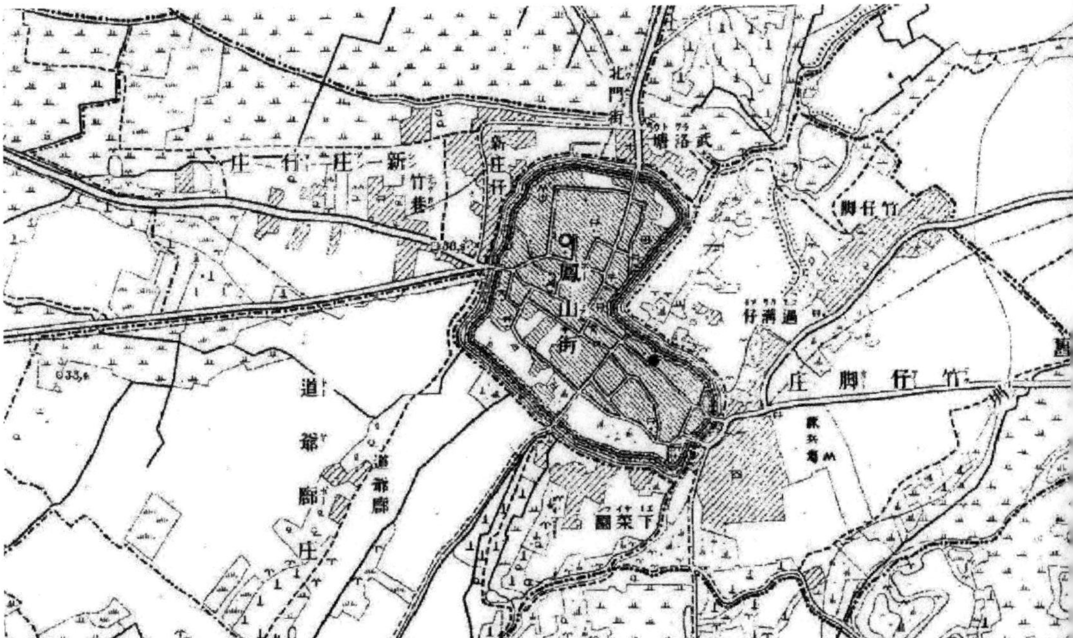

■ **1905(明治37年)《台灣堡圖 ・ 鳳山街》**
鳳山新城城廓。（圖片來源：中研院人社中心：台灣百年歷史地圖）

林爽文和朱一貴在起義之後，將官員誅殺殆盡，府庫錢糧瓜分一空，卻完全沒有對土地分配與開發提出具體的主張。他們大封盟友為國公、大元帥、將軍、都督之類空洞的頭銜，甚至將國號還原為「大明」，但對政府的組織卻完全沒有想法，也沒有任何的安排，似乎真的在「作亂」。沒有具體的主張的起義，不但不可能爭取到同情者，甚至連自身的團結都會面臨考驗。所以他們並非真正革命者，只能算是「造反」罷了。

乾隆五十一年十二月十三莊大田攻陷鳳山縣城，燒毀了縣城內的官衙與民房。乾隆五十三年初事件平定後，福康安至鳳山縣查看了興隆庄被毀的縣城與下埤頭（今鳳山市區）。他認為被毀的縣城地勢低窪，蛇山、龜山都可以俯瞰城內，防禦條件並不好，而下埤頭街自康熙末年以來，已經是鳳山最大的市街，而且地勢開闊，交通地位重要，是維持下淡水平原（屏東平原）產糧區貨運通暢最重要的屏障。於是上奏朝廷將縣治移往下埤頭，乾隆准其奏，於是興隆庄一百餘年縣城的歷史終於走到了盡頭。後來嘉慶時代縣治一度遷回興隆庄，並在此構築磚石城牆，但官員卻始終沒有遷回，一直滯留在下埤頭，形勢完固的磚石城並沒有挽回興隆庄已經失去的地位。

林爽文、莊大田起義始末

林爽文事件的起點是乾隆四十七年彰化縣漳泉移民之間發生衝突，鹿港的泉州人林湊率眾襲擊彰化縣城，大殺漳州府籍移民、焚燬民房。漳州籍的陳泮為了報復泉州人，凡是泉州人房屋，也盡數焚燬。隨著事件的擴大，許多漳州人逃到大里杙投奔林爽文。

後來，福建方面派遣同為漳州和平籍的水師提督黃仕簡率領重兵到大里杙鎮壓，據說大里杙方面以重金賄賂了黃仕簡，最後不了了之。不過還有一個可能性，那就是黃仕簡可能因同鄉之誼，而大事化小，小事化無。

之後乾隆五十一年的七月諸羅縣民楊光勛因為爭奪田地，聚眾鬥毆，殺官搶劫百姓，釀成重大的治安事件，從而了驚動福建按察使李永祺渡海來台辦案，逮捕楊光勛，並將之處死。之後，楊光勛的餘黨也逃到大里杙尋求林爽文的庇護。此時李永祺發現大里杙的林爽文勢力已經相當龐大，成了罪犯的淵藪，於是要求台灣當局強力鎮壓。

當年的十一月，台灣知府、理番同知、彰化知縣會同台灣鎮標與北路協的數百名兵勇向大里杙進伐。結果官軍中了緩兵之計，軍官力戰而死，兵勇潰逃四散。緊接著起義軍趁著官軍集結於大墩（今台中市台中公園一帶），突然向毫無防備的彰化縣城發起攻擊，台灣知府孫景燧等以下十餘名官員被殺。彰化縣城攻陷後，林爽文以此為根據地向諸羅縣、府城發起攻擊，開啟了長達一年多的戰事。

《台灣通史》的作者連橫在〈林爽文列傳〉上提到，乾隆四十八年有一個叫嚴烟的漳州平和人來到大里杙向林爽文宣傳天地會，之後台灣各地漳州籍的有力者陸續結盟入會。天地會據說是鄭成功所創，以反清復明為宗旨。連橫似乎藉此暗示，林爽文事件的本質是反清復明。但這個可能性應該是不存在的。

這個信息的重點應該是來自「漳州平和人」嚴烟來台指導同鄉林爽文如何作組織群眾的工作，「天地會」極可能只是組織手段，這些漳州人結盟的目的應該不會是為了反清復明。甚至清政府為了「坐實」林爽文反清復明的叛亂證據，而特意誇大了天地會的宗旨。

乾隆四十七年的漳泉械鬥的結果顯然是以漳州人敗北收場的，官府介入時，可能因偏袒泉州籍移民，造成漳州籍移民對官方的不滿，這才得以解釋為什麼乾隆四十八年和林爽文結盟的，大多是漳州平和籍的有力人士，而「誅殺貪官」成了事件爆發之初最主要的訴求。

乾隆五十一年十一月二十八日林爽文率領的起義軍攻陷彰化縣城，次日林爽文自任大盟主，以王芬為大將軍，陳泮、何有志為左右都督，董喜、陳奉先為將軍。十二月六日又攻陷諸羅縣城，知縣董啟埏以下典史、游擊、守備、千總、把總十餘人悉數被殺。

彰化、諸羅淪陷之後，知府以下官員基本上都戰死於崗位上，無人逃亡。顯示朱一貴事件事平後，康熙下令將外逃的官員全部押回台灣斬首示眾，連已經病故的知府王珍也沒逃過戮屍的羞辱，這對後來的官員應該是有相當大的鎮攝力。

攻下諸羅後，林爽文馬不停蹄，繼續向南攻擊府城。十二月十二日林爽文以十倍於官軍的兵力向府城發起攻擊，雙方相持不下，知縣王露於府城中招募了八百義民出城助戰，林爽文稍卻。就在此時，林爽文在鳳山縣的盟友莊大田攻陷了鳳山縣城。

莊大田原籍漳州和平縣，乾隆初年隨父來台。先是居住諸羅縣，父親去世後遷往鳳山縣篤加港（屏東里港鄉篤加），殷勤於耕作，家道小康。莊大田為人豪爽，善於結交，林爽文起事之後，他立即邀集盟友二十餘人歃血結義。莊大田被推為「南路輔國大元帥」，數日之間，響應者數千人。

十二月十三日莊大田率眾攻擊鳳山縣城。城中南路營守軍才三百人，除了參將瑚圖里逃回府城外，知縣湯大奎以下官員幾乎全數戰死。莊大田攻陷鳳山縣城後，林爽文邀莊大田南北夾擊府城。

起義軍偵察得之，府城守軍及民兵分別在北門外的大橋及南門外的桶盤淺佈防。於是決定全力攻擊東門，十二月三十除夕林爽文設壇祭旗後，攻擊發起。不料海防同知楊廷理率領數十名民兵出小東門，從起義軍後方發起攻擊，起義軍陣勢大亂，此時官軍也出小南門對起義軍側翼發起攻擊，起義軍全線敗退。此後一年直到戰事平息，起義軍始終無法攻陷府城。雖然整個態勢看來起義軍已現強弩之末，但此後渡海來台援軍的表現更是令人搖頭。

之後，清政府派遣來台平亂援軍可分為三個階段。第一階段乾隆五十二年元月初，由福建水師提督黃仕簡與陸路提督任承恩率一萬援軍，分別在安平與鹿港登岸，然後分南北路進剿。另外由副將徐鼎士分兵一千登陸八里。

南路黃仕簡坐鎮府城，海壇鎮總兵郝壯猶南下。二月二十二收復鳳山縣城，此時城內官衙、民房已完全焚毀。三月初八莊大田才剛向鳳山縣城的南門發起攻擊，郝壯猶竟然丟下守軍，單騎逃回府城。鳳山縣城再度陷落，三千援軍僅餘數百人逃出。

北路任承恩坐鎮鹿港，由汀州鎮總兵普保吉領兵會師諸羅縣城的台灣總兵柴大紀再合攻彰化。會師之後，普保吉、柴大紀兩人竟然意見不合大吵一架，兵分兩途，結果柴大紀被起義軍圍困在諸羅城。

三月初鳳山縣城失陷後，第一階段的平亂已經算是失敗了，於是閩浙總督常青只得親身出馬渡海來台，此後平亂進入第二階段。常青從廣東、浙江兩省增兵七千，企圖先解決集結在南潭（台南歸仁區七甲里）的莊大田，結果大軍一出府城就停在關帝廟（台南東區關聖里）不敢再前進，至此莊大田無視於常青的援軍，自由往來於南北。而由鹽水、鹿草企圖解諸羅之圍的援軍折損數千人之後，卻始終無法接近諸羅城，被圍困於城中的軍民糧食將盡。第二階段的平亂宣告失敗。

到了七月，乾隆終於沉不住氣了，啟動第三階段的平亂行動，調派陝甘總督福康安率滿洲御前侍衛巴圖魯（勇士）三十餘員及四省援軍登台作戰。十一月初二鹿港上岸，初八解諸羅之圍，二十四日大破林爽文主力於大里杙。隔年元月初林爽文被擒，莊大田逃入山中，二月亦被擒獲，至此亂事終告平息。

清代台灣分類械鬥一覽（引自林偉盛《羅漢腳》）

年代	名稱	地點	類型	規模
康熙60年（1721）	朱一貴案	全台	閩粵械鬥	大
雍正元年（1723）	賴君奏案	鳳山縣	閩粵械鬥	小
雍正10年（1732）	吳福生案	鳳山縣	閩粵械鬥	大
雍正12年（1734）	蔡馬益案	諸羅縣	蔡魏兩姓	小
乾隆15年（1750）	李光顯案	諸羅縣	爭地械鬥	小
乾隆33年（1768）	黃教案	鳳山縣	閩粵械鬥	大
乾隆42年（1777）		淡水廳	閩粵械鬥	小
乾隆47年（1782）	謝笑案	彰化縣	漳泉械鬥	大
乾隆48年（1783）	張昂案	淡水廳	閩粵械鬥	小
乾隆48年（1783）	楊光勳案	諸羅縣	結會互鬥	小
乾隆51年（1786）	黃霞案	諸羅縣	兩姓械鬥	小
乾隆51年（1786）	林爽文案	全台	漳泉械鬥	大

乾隆53年（1788）	陳顯案	彰化縣	漳泉械鬥	小
乾隆54年（1789）	陳武案	淡水廳	兩姓械鬥	小
乾隆54年（1789）	紀四案	淡水廳	紀姓械鬥	小
乾隆54年（1789）	李同案	嘉義縣	兩姓械鬥	小
乾隆55年（1790）	張標案	彰化縣	閩粵械鬥	小
乾隆56年（1791）	沈川案	嘉義縣		小
嘉慶4年（1797）		哈仔難	泉粵械鬥	小
嘉慶11年（1806）		哈仔難	閩粵械鬥	小
嘉慶11年（1806）		北台	漳泉械鬥	大
嘉慶14年（1809）	黃紅案	北台	閩粵械鬥	大
嘉慶14年（1809）		彰化縣	漳泉械鬥	小
嘉慶21年（1816）	蔡攤案	台灣縣	同姓械鬥	小
道光6年（1826）	李通案	全台	閩粵械鬥	大
道光6年（1826）	吳集光案	噶瑪蘭廳	閩粵械鬥	小
道光10年（1830）	林瓶案	噶瑪蘭廳	同行械鬥	小
道光12年（1832）	張丙案	全台	閩粵械鬥	大

道光13年（1833）		閩粵械鬥		
道光21年（1841）	陳沖案	鳳山縣	閩粵械鬥	小
道光24年（1844）	陳結案	中北台	漳粵械鬥	大
道光27年（1847）		鳳山縣	閩粵械鬥	
道光27年（1847）		淡水廳	漳泉械鬥	
道光30年（1850）	王湧案	嘉義縣	分類械鬥	小
道光30年（1850）		彰化縣	漳泉械鬥	小
咸豐02年（1852）		台灣縣	同行械鬥	小
咸豐03年（1853）	林恭案	南台	閩粵械鬥	大
咸豐03年（1853）	林本源案	淡水廳	漳泉械鬥	小
咸豐03年（1853）		淡水廳	漳泉械鬥	大
咸豐03年（1853）		彰化縣	漳泉械鬥	小
咸豐04年（1854）		淡水廳	閩粵械鬥	大
咸豐05年（1855）		淡水縣	漳泉械鬥	
咸豐09年（1859）		淡水廳	漳泉械鬥	大
咸豐11年（1861）	林國芳案	淡水廳	漳泉械鬥	小

同治元年（1862）	戴萬生案	中北台	閩粵械鬥	大
同治元年（1862）		淡水廳	兩姓械鬥	小
同治4年（1865）		噶瑪蘭廳	三姓械鬥	大
同治年間（186?）		彰化縣	三姓械鬥	小
同治年間（186?）	鄭如棟案	淡水廳	兩姓械鬥	小
同治年間（186?）		鳳山縣	閩粵械鬥	小
同治年間（186?）		噶瑪蘭廳	西皮福祿	小
光緒元年（1875）		鳳山縣	閩粵械鬥	小
光緒2年（1876）	吳阿來案	淡水廳		小
光緒7年（1881）	林克賢案	鳳山縣	同姓互鬥	小
光緒8年（1882）	林汝梅案	淡水廳	閩粵械鬥	小
光緒8年（1882）		兩姓械鬥		小
光緒12年（1886）		噶瑪蘭廳	西皮福祿	小
光緒13年（1887）		噶瑪蘭廳	西皮福祿	小
光緒14年（1888）		嘉義縣		小
光緒20年（1894）		台南縣	同姓互鬥	小

第4章 荒城紀

◆為何放棄造價高昂的石城？

◆新舊之間，縣城選址的考量因素

◆舊城難逃沒落的命運

專欄◆興隆莊石城

前言

唐李衛公兵法：

「凡置營下中之下，謂之地獄；
斥鹵多石草少無水，謂之窮極；
故邑破營，謂之虛耗；川谷衝口柴草乾深，謂之天灶
穹崇鼇形，四面坳瀉，謂之沃焦，皆急過勿留之數者。」

舊治城實皆犯之，故知建治於此，非善策也
況八百六十四丈之城，龜山据其半，湫隘窄狹
丁口僅二百餘戶，一旦有事，誰與為守

——林樹梅〈鳳山縣新舊城論〉

興隆庄的磚石城於道光六年（一八二六）完工，耗費九萬兩千兩白銀，在當時算得上是一筆天文數字。奇怪的是，完工後縣府官員並沒有回到興隆庄，卻一直留在鳳山新城（下埤頭街，今鳳山市中心）執行公務。甚至道光十二年（一八三二）發生張丙之亂，鳳山新城被攻陷，官員還是寧願留在「殘破」的鳳山新城，沒打算遷回興隆庄。後來福建巡撫程祖洛下了令，要求縣治遷回興隆庄，鳳山縣的官員依然故我，不動如山，不予理會。

既然不願遷回，當初又為何全台官衙、全縣百姓總動員，募集了十四萬兩白銀構築了這座全新的磚石城？到底是誰？為了什麼？竟然敢拿這近乎天文數字的經費當兒戲。為了構築這麼一座堅固的磚石城保護身家性命，鳳山縣的官員、軍民爭取了將近一百四十年。其間歷經了兩次超大型的民變，縣城被攻陷三次，可滿洲皇帝硬是不為所動，不答應築城。如今總算「恩准」了，城也蓋好了，眾人卻不買帳了，豈非怪哉！這可說得上是鳳山縣史上最大的一宗奇案，更奇怪的是，原因為何？至今也還沒人能說得清楚。

為何放棄造價高昂的石城？

連橫《台灣通史》上提到：「（道光）八年六月竣工，擇吉告遷，而（杜）紹箕（祁）忽死，眾以為不祥，無敢移者。」杜紹祁是當時鳳山縣知縣，已經選好了遷移的吉日了，結果知縣「暴斃」，眾人認為不吉利，

■ 埤頭街鳳山縣新城大東門。

不敢遷回新建的「舊城」，這是連橫的說法。後來伊能嘉矩在《台灣文化志》上也採用了類似的說法。

但這個說法最大的問題是，磚石城蓋好的時候，杜紹祁並沒有「暴斃」。他卸任鳳山知縣之後，因平定「許楊之亂」有功，升任淡水廳同知。直到道光九年（一八二九）才因病返回家鄉無錫，而且他回鄉之後並未因病去世，病癒後反而積極投入了地方的事務。所以「知縣暴斃說」不能成立。除此之外，還有「瘟疫說」，但也沒有任何的證據可以證明這是「拒遷」的原因。瘟疫總有結束的時候，重點是誰敢拿九萬兩千兩白銀當兒戲，棄城不用。現在蓋個「蚊子館」可能沒人當回事，封建時代蓋了個「蚊子城」可是欺君的殺頭重罪，奇怪的是為何沒人追究？當時鴉片戰爭還沒爆發，道光皇帝還不至於無能到這個分上吧！

之後，道光十七年（一八三七）新上任的鳳山知縣曹謹依舊得面對這個問題，於是他派遣幕僚林樹梅到興隆莊的舊城實地考察，了解實際的情況。從林樹梅向曹謹提出的報告〈鳳山縣新舊城論〉中，我們總算得以一窺舊城興隆庄當時的實際狀況。

林樹梅提到：「（興隆舊城）城形若釜，西瀕大海，地僅二里許，海岸漸向內塌，村庄零落，風盪沙擁港，汕不長歷，無舟楫停泊……。內無溝防，外無壕塹。一經霪雨，則衙署倉庫皆在水中。城垣又沙土不實，積水漏洩，漸以低陷，文廟學署亦已日瓆……。井泉僅六口，水鹹澀，無柴草，居民少，市廛稀，加以兵役移居，則食用諸物，皆需外運……。丁口僅二百餘戶，一旦有事誰與為守？」

顯然，當時的舊城人口很少，生活機能很差，連百姓基本的民生問題

■ 興隆庄鳳山舊城東門，又稱鳳儀門

都難以解決，哪還有多餘的條件供應官府、駐軍龐大的需求？更何況雨季時衙署倉庫都泡在水中，城牆內夯土不實，被雨水逐漸沖蝕流失，已經逐漸塌陷。他還舉唐代李衛的兵書為例，指出舊城的磚石城犯了「地獄」、「窮極」、「虛耗」、「天灶」、「沃焦」等幾乎所有築城不該犯的忌諱都犯了，這樣的城池如何還有值得防禦的價值呢？

報告中，他還提到下埤頭商賈四集，城居人口以萬計，戶數達一千二百有餘。四周村莊數十個，一旦有事，相互支援，足食足兵。所以兩地之形勢高下立判。如果捨棄富饒的新城，而遷回僅數百人之舊城，實在是本末倒置的愚蠢想法。

因此，林樹梅建議曹謹繼續留在新城處理公務，不必再想遷回興隆庄舊城這個「偽命題」。他建議曹謹施政的重點是改善新城的防禦設施與及解決新城附近農田灌溉的問題。於是曹謹不但在新城增建砲台，還發動民眾引下淡水溪之水，修築水利工程，這就是至今仍在發揮效益的「曹公圳」。

林樹梅的報告大概是官方文件中最早徹底放棄舊城的紀錄。當然，林樹梅敘述舊城興隆庄蕭索的景象也可以反過來解釋，正是因為縣治遷往新城，才導致舊城淪落到這副田地。所以林樹梅的報告也很難作為歷任知縣拒絕從新城遷回舊城的真正原因。

也有文獻提到，舊城在營造磚石城的時候，沒有考慮到排水的問題，導致雨季時，龜山沖瀉下來的雨水全積在縣衙、南路參將署一帶。尤其是參將署門前幾乎是泡在水中，無處落足。這個說法似乎是暗示，雨天易積水，排水不良，是官員拒絕回舊城履行公務的原因。問題是新城雨天也會

■《曹公舊新圳概圖》
此圖繪製於日治初期，目的雖然是說明曹公圳的新舊灌溉渠道，卻意外同時描繪出新、舊兩城的位置關係

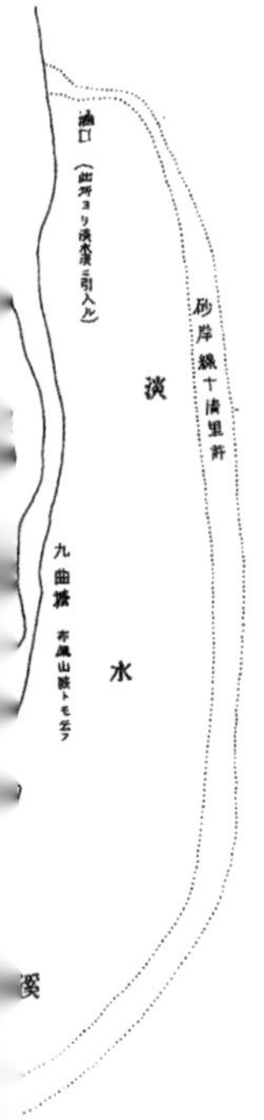

積水，所以這應該也不是真正的原因。

問題在於新城究境具備什麼樣的壓倒性優勢，足以留住鳳山縣的官員，而寧願放棄一座花費了九萬餘兩白銀興建的磚石城？

新舊之間，縣城選址的考量因素

鳳山新城的優勢其實十分明顯，主要是在地理位置。早在領台之初，清政府似乎就將有意將鳳山縣治設在今天的鳳山市區的下埤頭街。因為此地不但位居鳳山縣的中心位置，而且西濱高屏溪畔，位居阿猴林（內門山區）與鳳山山脈之間的交通孔道上，交通樞紐的格局渾然天成，且西面的打狗平原足以開闢萬畝良田，地理條件可說十分優越。

後來在海防政策考量下，縣治所在讓位於鄰近萬丹港、打狗港的興隆庄。但即使如此，到了朱一貴事件爆發之前，下埤頭街已經成為鳳山縣最繁榮、最大的市街。康熙五十九年（一七二〇）出版的《鳳山縣志》，關於「下埤頭街」的條目之下，便特別注記：「屬竹橋庄。店屋數百間，商賈輳集。庄社街市，惟此為最大。」之後下埤頭街的繁榮程度也一直遠在興隆庄之上。乾隆二十九年（一七六四）出版的《重修鳳山縣志》關於下埤頭街也提到「五方湊集，市極喧嘩，有草店頭、草店尾、忠街、武洛塘

曹公舊新圳概圖

一名五里圳

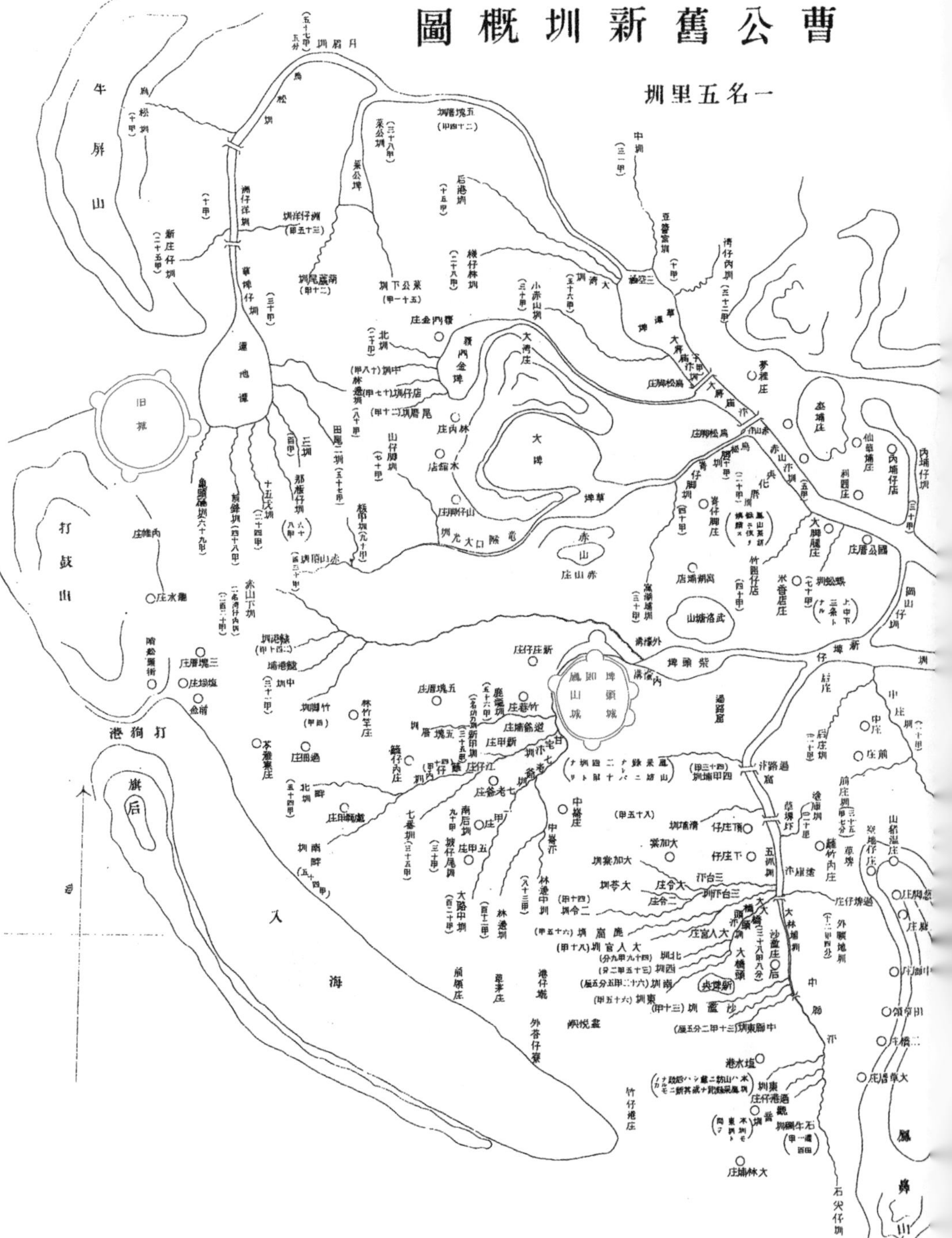

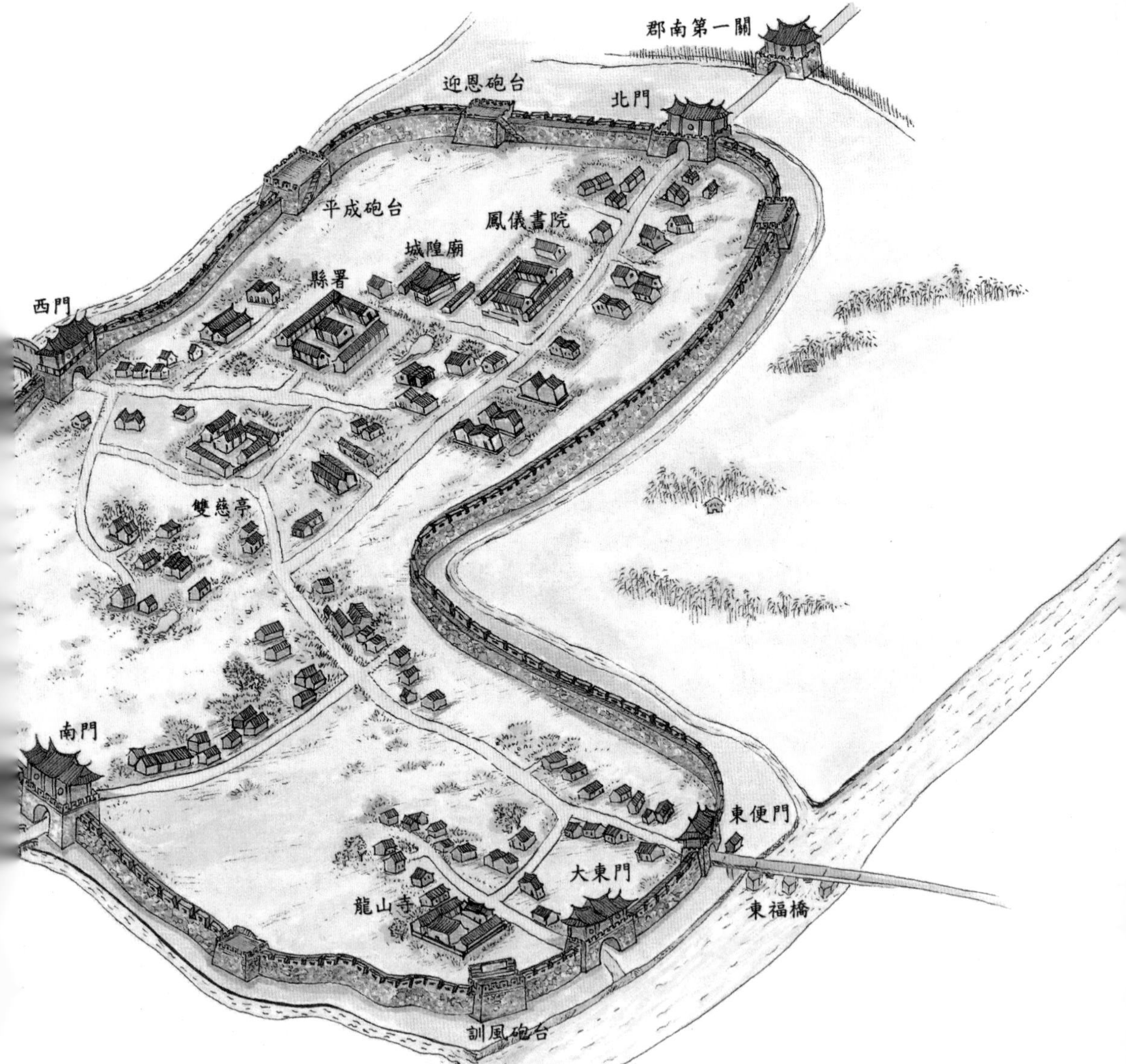
郡南第一關
迎恩砲台
北門
平成砲台
鳳儀書院
城隍廟
縣署
西門
雙慈亭
南門
東便門
大東門
東福橋
龍山寺
訓風砲台

■ 下埤頭街的鳳山新城鳥瞰想像圖（改繪自李乾朗<鳳山縣城殘跡研究>）繪圖：金炫辰

街等。大路之衝……」這是由地理條件所決定的，即使是經過國家政策的強力扭曲也難以轉移。

下埤頭街的繁榮最主要是受益於下淡水平原稻米經濟的崛起。康熙四十年後，閩、粵兩省對台灣稻米的需求大幅增加。於是康熙中葉後，閩南籍的資本家在台灣各地大規模的發掘灌溉圳溝，興起了「水田化運動」的熱潮。由山豬毛（三地門）沖瀉而下的溪水，經由隘寮溪滋潤了整個下淡水平原（屏東平原）。下淡水平原的地下水相當充沛，所以水田化的成本也相當低。於是客家族群利用這個天然的優勢，在此時期大舉進入下淡水平原拓殖水稻，從而帶動了整個鳳山縣的稻米經濟，也帶動了位於交通樞紐的下埤頭街的繁榮。

經濟重心轉移的形勢，其實在朱一貴事件爆發之前已經十分明顯了。可是事件平息之後，驚魂未甫的鳳山縣官員似乎並未查覺經濟中心轉移的大勢，未加思索，便急急忙忙的在興隆庄構築土城，而真正影響鳳山縣行政格局的大勢，這些被「治亂」搞得暈頭轉向的官員們，似乎還沒來得及真正察覺。所以現在回過頭來探討舊城磚石城的興廢，問題的根源還得提到更早的康熙時代。

因為下淡水平原旺盛的稻米經濟，使得下埤頭街（舊鳳山市）的商業地位大幅提升，而興隆庄縣治的地位受到了前所未有的挑戰。朱一貴事件之後興建的土城，事後證明這其實並不是一個明智的決定。乾隆五十一年爆發林爽文事件，鳳山縣最大的響應者莊大田崛起於下埤頭對岸阿里港（里港）一帶，如果縣治及早移到下埤頭或許得以及早防範起義的爆發。

早在乾隆中葉，因為下淡水平原稻米經濟的崛起，土地交易、稅負繳納、倉敖（糧倉）存放已經是縣政工作的重中之重，但是縣治所在興隆莊離下淡水平原距離較遠，具體的操作便操之低階胥吏手中，縣府官員無從轄制，因此弊病叢生。這也是起義爆發的原因之一。

乾隆五十三年林爽文事件事件平定後，福康安曾到興隆庄與下埤頭街考察，發現原來在興隆庄舊城辦公的官員與經商的商紳都搬遷到下埤頭街，不願再遷回興隆庄。於是福康安上奏朝廷准予鳳山縣治遷至下埤頭街，乾隆從其所請，於是縣治終於從興隆庄遷至下埤頭街。這在台灣城市的發展史上是一個十分獨特的例子，意義非同尋常。

放棄既有的縣城，遷至新城，這在台灣的城市發展史上還沒有第二個例子。更不可思議的是，不到二十年，遷城之議再起。

舊城難逃沒落的命運

嘉慶十年（一八〇五）海盜蔡牽犯台，其黨徒吳淮泗響應，率眾攻陷新城下埤頭街，盤據了八十多天，才被官軍收復。亂平後，又傳出要求遷回舊城的建議。來台平亂的福州將軍賽沖阿認為下埤頭距離海口太遠，增援不易。如果將縣城遷回興隆庄的舊城，下次平亂就方便多了。這種觀點只能用「削足適履」來形容。

但賽沖阿卻強調下埤頭的軍民因為兩年前淹過大水，在加上戰爭破壞嚴重，都想遷回興隆庄。而且興隆庄原來就有基礎，稍加整修，花錢不多，就能恢復舊貌，於是嘉慶便答應了。可嘉慶十二年正式宣布鳳山縣治遷回興隆庄後，官員、軍民人等依然留在下埤頭不見動靜，可見賽沖阿的說法並沒有得到鳳山官員與軍民的認同。福建當局與台灣府的官員對鳳山縣治地點一直主張設在興隆庄，其實是站在本位主義的片面立場。

福建當局與台灣府城官員的看法，認為嘉義是府城北路的防禦重鎮，而南路的興隆庄離府城不到一天的路程，一旦失守府城危矣，所以必須全力防守。另外如果興隆庄失守，府城方面可以動用水師從打狗港或萬丹港登陸，進行反擊。

嘉慶十五年（一八一〇）閩浙總督方維甸來台巡視，當時賽沖阿已經奏準縣城遷回興隆庄，鳳山縣的官員卻一直留在下埤頭不願回來。他對為何滯留下埤頭的理由不甚認真研究，卻對興隆庄建城之事特別熱心，特別上奏嘉慶建議將興隆庄原來的土城改建為石城。但被朝廷以經費過於龐大，駁其所請。

到了道光三年（一八二三）方維甸的姪子方傳穟接任台灣知府，他對鳳山縣治採取了福建當局的一貫態度，而且形成了一套獨特的「理論」：

「譬諸一身，郡城如心，鳳山則元首……；鳳山逼近咽喉，朝發而夕至，中無屏也；元首病則心以之……。南路有事，郡城必先受兵，……；故鳳山尤重。」顯然對方傳穟而言，鳳山縣最重要的作用是保障府城的安全。如果鳳山縣治設在下埤頭的話，在他看來這個作用相對就會減弱。隔年鳳山發生「許楊之變」，雖然亂事很快平息，卻強化了方傳檖在興隆莊重修縣城的決心。

道光四年（一八二四）方傳檖採用「官捐民倡」的辦法募集建城資金。擔任台灣道台的姚瑩在其著述《東槎紀略》中記錄了捐款的過程：

「今本道衙門籌捐三千，府捐一萬二千，鳳山縣捐六千，淡水、台灣、嘉義、彰化捐一萬二千，台防同知捐二千五百，鹿港、澎湖、噶瑪蘭三廳捐四千五百。凡官捐者四萬。……台人感動。於是鳳山士民僉議；納正供者，每穀一石，捐番銀一圓，凡四萬有奇；富民別捐又四萬四千。郡中紳商聞之，亦捐二萬五千有奇。」

捐款總數達到十四萬九千兩白銀，比工匠預估的金額還多出許多。從姚瑩的記錄可以看出所謂「官捐」的金額應該是根據各機關、廳縣的大小等級「派捐」的，並非自由捐獻，很可能就是方傳檖所派定的。而所謂「台人感動」進而響應「民倡」，應該是鳳山縣與府城的大商家、大地主，因形勢所迫，而不得不作出的「表態」，談不上什麼「感動」。

鳳山縣興隆莊舊城改建為石城的效率很高，道光五年七月開工，隔年的八月就竣工了，更驚人的是，工程費用只用了九萬兩千兩，比原先預估的十二萬兩低了許多。這座石城還保有兩個唯一的紀錄，一是唯一「官捐民倡」的縣城。也就是說別的縣城都是自己縣內募集資金的，只有鳳山石城是全台官府捐助的。另一個唯一是建城資金來自全台，意思和前者類似。為何全台建城，獨厚鳳山縣？很明顯的，這只能說明興隆庄改建石城，完全是來自台灣知府的意志，和鳳山縣沒有一點關係。

鳳山縣的大地主、大資本家總共捐了八萬四千兩銀元，加上鳳山縣衙的六千兩，已經接近整個工程費用了。完工後，這座石城幾乎就被遺棄，一天也沒有成為真正的縣城，甚至連後來的幾次民變，「亂黨」也對它不屑一顧，從未打算占領過它……。或許鳳山縣的大地主、大資本家與縣府官員一直在「槌心肝」，如果這些錢拿來改建下埤頭的新城，那該有多好？因為直到日本時代，鳳山縣的軍民再也沒有能力將半土、半竹的下埤頭新城改建為磚石城了。

興隆莊石城完工二十年後，道光二十七年（一八四七）閩浙總督劉韻珂來台巡視，鳳山仕紳才鼓起勇氣向其陳情，不再要求將縣治遷回舊城。劉韻珂下令派人實地考察兩地，最後終於得出這樣結論：

> 「埤頭居民八千餘戶，興隆居民不過五百餘家……興隆僻處海隅，規模狹隘；埤頭地當中道，氣局寬宏，而文武官員又向在埤頭駐紮，體察輿情，扼處形勢均當以埤頭為鳳山縣治。」

於是劉韻珂會同福建巡撫徐繼畬奏請朝廷將鳳山縣至移駐下埤頭，朝廷雖已准奏，但仍未正式以下埤頭為縣治。直到咸豐三年（一八五三）林恭之亂平定後，才正式以下埤頭為縣治，並稱興隆莊為舊城。

此後舊城僅設「舊城汛」，作為點哨據點，這應該全台灣規模最大的一處汛塘。但即使如此，其防禦的價值也快速的流失。日本佔領台灣時，舊城汛的點哨兵丁僅僅剩下四人。明治三十年（一八九七）伊能嘉矩到鳳山縣考察時發現，舊城住戶僅剩兩百零七戶，七二二人。到了大正年間，舊城住戶已不足百戶，顯然舊城在被國家體制拋棄後，正一步步的走向廢墟化的過程。

興隆莊石城

關於復建興隆庄石城，如今並沒有留下完整的記錄，所以石城真正的形制往往只能依靠實地的考古才能加以復原。有些地方幾乎完全被摧毀，連考古發掘也無濟於事。目前台灣保存最完整的築城檔案是新竹淡水廳城的《築城案卷》，其中不僅僅包含了建城前各級政府的往返公文函件，還包含了完整的施工、用料、金額、捐獻者、監造者各式各樣的清冊。鳳山興隆莊復建石城的檔案雖然已經佚失，參考新竹淡水廳城的《築城案卷》，對了解興隆莊石城還是具有相當程度參考價值。

關於石城的大致形制，陳國瑛撰述的《台灣采訪冊．鳳山縣城》提到：

「就興隆舊城基址，移向東北，將龜山圍入城中。城身俱用打鼓山石砌築，計帳周為八六四丈，城基深三尺，用石填砌，以固根本。平地度以步量明，底寬一丈五尺，頂寬一丈三尺，自地至頂，築高一丈四尺，雉堞高五尺四吋，統計一千四百六十八堵，並細按方隅，分築東西南北四門。建城樓，並築水洞，以通城內溝；仍鄉度扼要之區，建築砲台四座，以當其衝。」

以下根據文中所敘，逐條解釋。

■ 昔時北門。

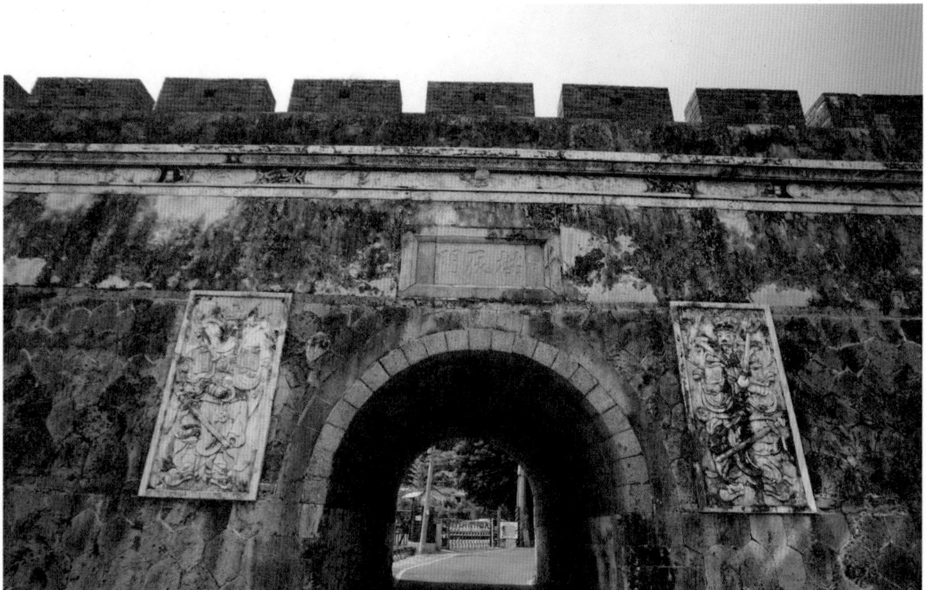

■ 現今北門。（攝影：吳志學）

就興隆舊城基址，移向東北，將龜山圍入城中

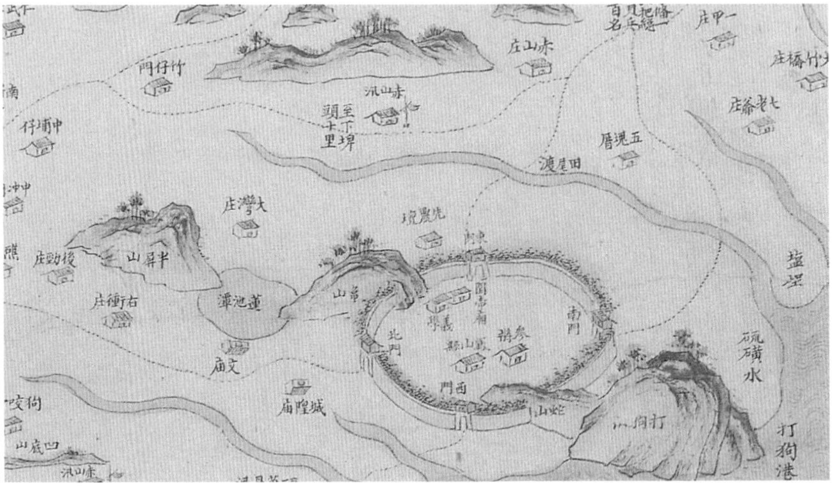

根據乾隆二十九年《重修鳳山縣志》中的鳳山縣城圖，原來的土城包含了部分龜山與蛇山山體。本意是將兩座山當天然的防衛，後來證明這個想法是錯誤的，因為林爽文事件時莊大田率領的起義軍就是從龜山攻入城內的。因此這次改建，便整個城池向東北方向移動，將整個龜山圍在城中。但是敵方還是可以從蛇山、打狗山窺探城中動靜，這就沒法避免了，算是興隆莊石城的一大缺陷。

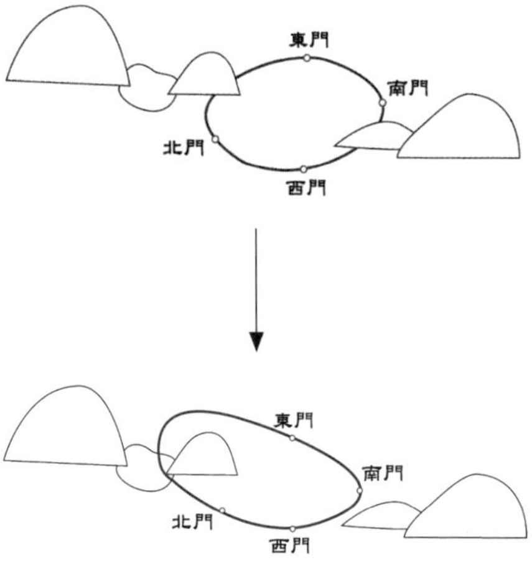

城身俱用打鼓山石砌築

中國大陸的縣城的城牆在夯土之外用石條或磚塊作為壁磚，防止雨水沖刷夯土層。但台灣石材質地不佳，又不生產磚塊，所以石材磚塊都需從大陸內地輸入，於是築城成本大幅增加，這也是台灣遲遲未能築城的主要原因。興隆庄石城的石材採用的打狗山的造礁珊瑚，這種礁石在高雄地區十分普遍，十分容易取得，這也是興隆庄石城之所以造價較低廉的原因。但以珊瑚礁石作為城壁，有一大缺點就是縫隙大容易滲漏。城壁當中的夯土經年累月被雨水沖蝕，容易造成夯土流失，墻體崩塌。林樹梅提到：「城垣又沙土不實，積水漏洩，漸以低陷」指的應該就這個現象。

計帳周為八六四丈

歷來史料對興隆庄石城周長的紀載有一千二百二十四丈和八百六十四丈兩種說法。有學者認為一千二百二十四丈是實際的長度，八百六十四丈則是扣除彎曲丈量的結果。近年又有學者根據日本時代的地籍圖，以比例尺換算，得出的長度介於兩者之間。真正的長度可能要在復原工程時，才能得出具體的答案。

底寬一丈五尺，頂寬一丈三尺，自地至頂，築高一丈四尺

新竹淡水廳城底寬一丈六尺，頂寬一丈二尺，牆高一丈五尺，牆面的傾斜度較興隆庄石城緩和，但底寬、牆高都各增加了一尺。

城基深三尺，用石填砌，以固根本

新竹淡水廳城的城基寬一丈六尺，比興隆庄石城還寬一尺，深達一丈比興隆庄石城的三尺要深多了。用的是螺殼灰和本地碎石攪拌填築，類似混凝土，應該是夠堅固的了。興隆庄石城的城基只說以石填砌，應該用的還是打狗山的造礁珊瑚，但深度才三尺顯然根基並不是很牢固。

雉堞高五尺四吋，統計一千四百六十八堵

雉堞又稱城垛，是城牆上的方形小牆，是城防士兵的掩體。雉堞中間有一射孔，內大外小，可供士兵放箭、射擊。新竹淡水廳城的雉堞共九七四垛，每個高三尺、寬八尺五寸，比興隆庄石城的城垛寬了三尺一吋，總數少了將近五百個。兩城的總長差不多，雉堞相差三分之一，顯然兩者的防禦理念並不相同。

■ 北門的泥塑門神。（攝影：吳志學）

細按方隅，分築東西南北四門。建城樓，並築水洞

興隆庄石城的東西南北門，分別稱之為鳳儀、奠海、啟文、拱辰。由此可見東門是興隆莊時城的主要城門樓，因為鳳山縣之名得自縣城東面的鳳山，所以名稱與鳳山相關的東門自然是最重要的「縣門」。雖然東門是興隆莊石城最重要的城門，但北門才是居民最常出入的城門樓。因為北門外緊鄰埤仔頭、店仔街、篰後等聚落。而且文廟、城隍廟都在北門外，所以東門雖然是縣城的象徵，但和庶民生活關係較為密切的其實是北門。北門的城門兩旁有一對泥塑的門神，這是一般城門樓極為罕見的例子。

建築砲台四座，以當其衝

石城之外，又另外花費兩萬五千兩修造官署、倉庫、監獄。剩餘的番銀三萬元做為日後維修之用。所以此次復健工程總共耗費十一萬七千兩。這在當時可是一筆天文數字，但完工後卻完全沒有使用過，也沒人受到處分，這真是一件天大「怪案」。

第5章 毀城紀

◆左營舊城最嚴重的一次破壞

◆入選第一批「國定史蹟名勝及天然紀念物」

◆兩則報導證明西段城牆毀於昭和八年之前

◆拆除舊城城牆是為了修築南海大溝？

◆殘牆上的小神社

前言

道光六年八月十五日完工，爾來春風化雨一〇〇年
城梁及四門因全用石材、
現在東、南、北三門、大致原形尚存
西門既已拆除，城牆也只剩東南一帶，大致原形尚存
西方全部拆毀，
現在殘留下來風景最雅致的是東門，
門上之建築物原形尚存
又城門左右的牆壁上有古氣尚存的彩色畫
在門上之樓閣等處，有許多榕樹寄生
因古蹟蒙受其害，所以要加以適當之保護，
以維持現狀之必要

——昭和八年十二月五日《台灣日日新報》
〈舊城址被指定為「史蹟」之理由〉

「鳳山縣舊城址」昭和八年（一九三三）入選為台灣總督府史蹟名勝及天然紀念物調查會第一批「國定史蹟名勝及天然紀念物」。其他入選的，還包括三處北白川宮能久親王的御跡地、士林芝山巖日本教師遇難處、基隆和平島上的北荷蘭城址、熱蘭遮城址和一八七四年的琉球漁民墓。

左營舊城是唯一一處和台灣漢人相關史跡名勝，為此《台灣日日新報》特別以一篇〈舊城址被指定為「史蹟」之理由〉做報導。這篇報導提到一個「奇怪」的現象「西門既已拆除，城牆也只剩東南一帶，大致原形尚存，西方全部拆毀，現在殘留下來風景最雅致的是東門」。早年日本政府還整修過舊城破損的城牆，為何此時西門及西段城牆竟然遭到大範圍的拆毀？

左營舊城最嚴重的一次破壞

熟知左營舊城現況的人都知道文章提到被拆除的，正是左營舊城被破壞得最嚴重的一段，東、南、北門至今猶存，唯獨西門不見蹤影。根據《台灣日日新報》的報導，舊城西門和這段城牆應該是昭和八年（一九三三）十二月之前被拆毀的。這應該是對左營舊城最嚴重的一次破壞，具體原因為何，至今也沒人能說得清楚。

日本人為什麼要拆除這段城牆？是為了建左營海軍基地？不可能。因為當時還沒這個想法，決定將桃仔園萬丹港建設為海軍基地是中日戰爭爆發之後的事，當時離「七七事變」還有四年。

■1905(明治 37 年)《臺灣堡圖・舊城・打狗港》(圖片來源：中研院人社中心：台灣百年歷史地圖)

■高雄港古圖。

也有人說是受到昭和七年（一九三二）高雄市第三次擴張的影響，因為這個都市擴張計畫將桃仔園和前鋒尾都畫進了高雄市的範圍，所以拆除城牆與城門樓在所難免。這說法似乎不無道理，但問題是這個都市擴張計畫直到戰後很久才被國民政府完全實施。當時這個都市擴張計畫主要的實施地點是三塊厝新建火車站的附近地區，左營部分還只是「紙上談兵」，並未付之實施，所以舊城城牆應該沒有那麼急切的拆除壓力，因為拆除城牆也是要花錢的，沒有目的地拆除是不可想像的。

奇怪的是，昭和十一年（一九三六）台灣總督府發布的高雄都市計畫圖，高楠公路以西的舊城城牆還在，並未被拆除，為何昭和八年（一九三三）的《台灣日日新報》說它已經被拆毀了？當然這幅都市計畫圖可能是多年前繪製的，當時並未作更新。

日本人早在大正六年（一九一七）三月時曾對舊城城壁進行過修護工程，後來雖然因為開路，破壞了少部分城牆。但是長期以來，左營舊城一直被文化界所關注，列入「國定史蹟名勝及天然紀念物」似乎早有跡象，在正式列為保護對象之前，突然來個大範圍的拆除，實在令人匪夷所思。在進一步探討這個問題之前，先談一談日本時代〈史蹟名勝天然紀念物保存法〉的形成過程。

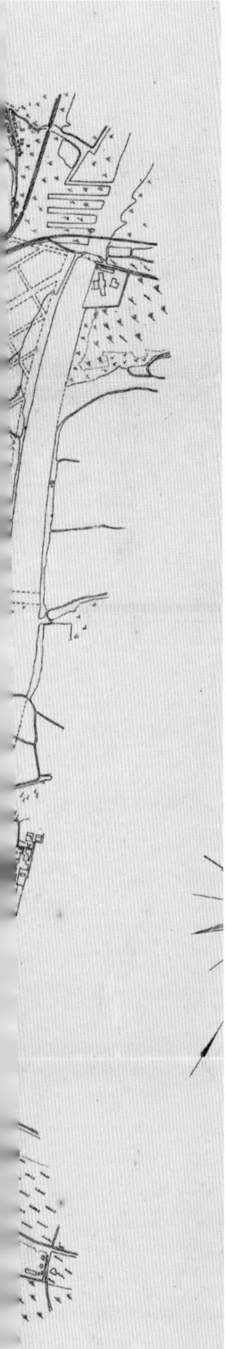

■1920年(大正9)高雄築港現況圖。高雄港於日本時代開始建設修築現代化的港口。左下圖應為1925年後港口建設完成的樣貌。

入選第一批「國定史蹟名勝及天然紀念物」

〈史蹟名勝天然紀念物保存法〉誕生於大正、昭和之際。當時，三〇年代的世界經濟大恐慌還沒爆發，日本經濟欣欣向榮，國際地位已晉升為列強之林，台灣殖民地也終於結束了長期、大規模的軍事討伐與血腥鎮壓，開啟了所謂的大正開明時代。當時受到西方國家文化保護觀念的影響，日本政府於大正八年（一九一九）制定了〈史蹟名勝天然紀念物保存法〉。

而殖民地台灣適用於該法則是在昭和五年（一九三〇）的事。當年台灣總督府將該法相關條文從六十一條擴充為一百零四條，並在兩年後公布了施行細則。

其實在此法公布之前，當時管轄範圍涵蓋高雄縣市的台南廳，就認為左營舊城有保存之必要，曾於大正六年（一九一七）三月進行修護舊城城壁的工程。當年七月十四日出版的《台灣日日新報》報導：

「於台南廳下，由於古蹟保存之必要，自本年三月，修築打狗知廳管轄下的舊城城壁，從南門樓的接續處，往東約八間之修築處，由於不斷下

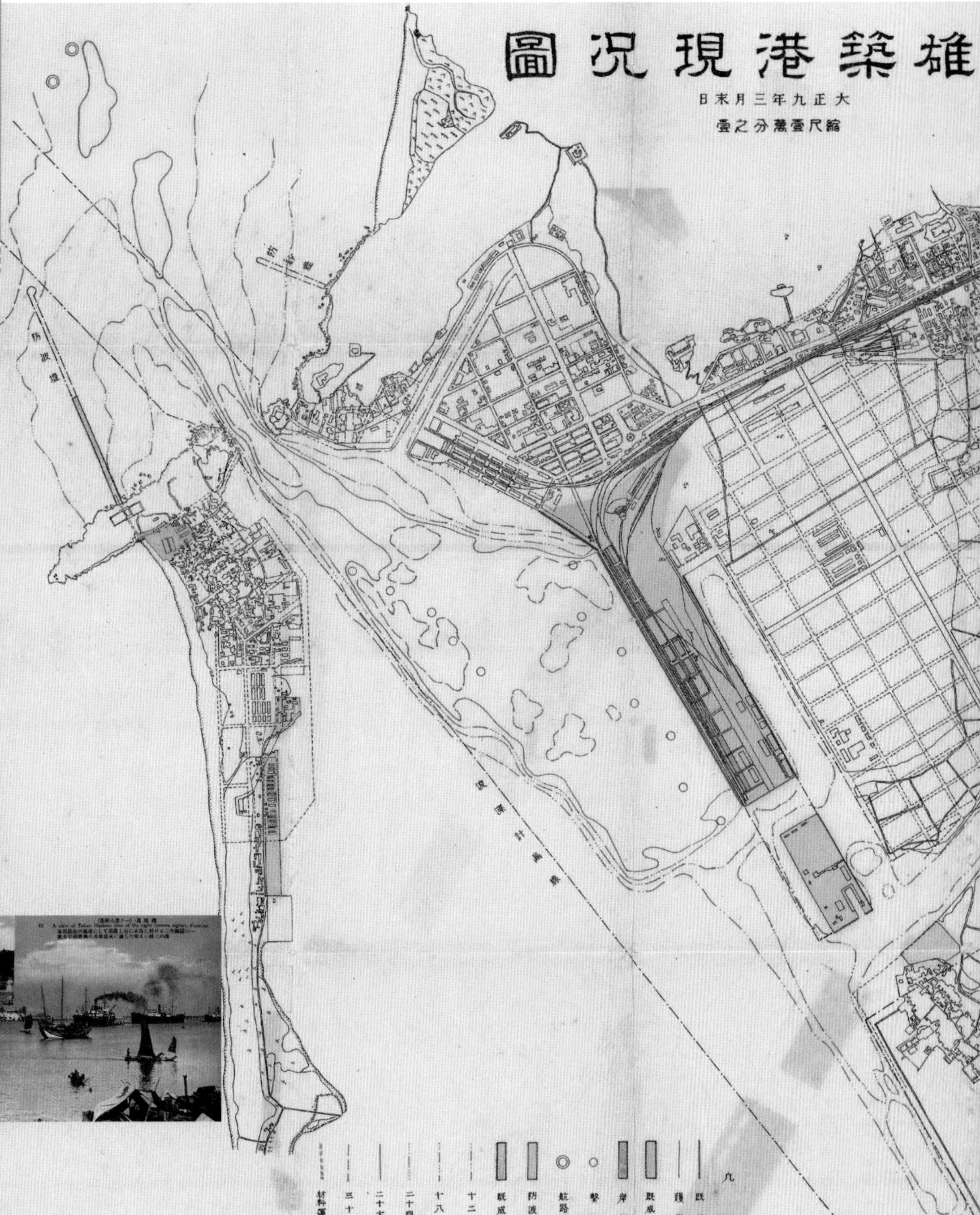
雄築港現況圖
大正九年三月末日
縮尺壹萬分之壹
防波堤
浚渫計畫線
凡例
既成岸壁
護岸石垣
既成埋立
岸壁倉庫
繫船浮標
航路標識浮標
防波堤工場
既成防波堤
十二尺
十八尺
二十四尺
二十七尺
三十尺
干潮面以下ノ水深線
材料運搬路隧道
A view of Takao Harbour one of the eight famous sights, Formosa.

■日本時代打狗港區。

雨，遂見其崩壞。」可見當時台南廳的日本官員還是很有「歷史感」的，願意花錢保存台灣的歷史遺跡。

矛盾的是，才不過兩年，大正八年（一九一九）在制定高雄市第二擴張計畫時，為了打通市區（鼓山）與楠梓縱貫公路之聯繫，開通高楠公路，經過左營路段（即今左營大路）時，竟然直接切穿了北門與西門間的城牆，而且南門兩側的城牆也被拆除，保留南門的城門樓，計劃設置為圓環。既然如此，兩年前為何還修護南門附近的城牆，其意義究竟何在？其中很明顯的差別是，此時高雄已獨立為州，不再屬於台南的管轄範圍。為打通高楠公路而拆除城牆應該是高雄州廳拍板決定的。

大正八年（一九一九年），田健治郎接任第八任台灣總督，他是台灣第一個文官總督。他的施政方針是採取同化政策、文武官分立、致力推動地方自治。改革地方行政制度是他任內最重要的改革，廢廳改州，廢支廳改置郡市，全台分台北、新竹、台中、台南、高雄五州及花蓮港、台東兩廳。高雄獨立為州，不再受台南管轄。之後，因修路而拆毀舊城城牆的情況並未停止。

昭和三年（一九二八）進行舊城驛（縱貫鐵路左營站）與高楠公路間聯絡道路的截彎取直工程時，又直接切穿了大小龜山，拆毀了部分北門段的城牆。這個路段後來在蘇南成擔任高雄市長時又拆除了一段，主要還是為了滿足左營舊街區與左營火車站日益繁忙的交通流量。

殖民地台灣在昭和五年（一九三〇）實施〈史蹟名勝天然紀念物保存法〉之後的兩年，台灣總督府公布了《保存法施行細則》。又過一年，「鳳山縣舊城址」入選為第一批「國定史蹟名勝及天然紀念物」。其他入選的還包括三處北白川宮能久親王御跡地、芝山巖日本教師遇難處、基隆和平島上的北荷蘭城址、熱蘭遮城址和一八七四年琉球漁民墓。

左營舊城是唯一入選的清代遺跡。其他的遺址，除了北荷蘭城址之外，連熱蘭遮城址之所以入選，其實都具有濃厚的政治意涵。熱蘭遮城址上的城磚絕大多數已在清末時被拆除，拿去蓋億載金城。而殘存的台基於日本時代重新整平，改建為燈塔及海關官員宿舍，當時已經沒剩多少「遺跡」了。熱蘭遮城址之所以被列為「國定史蹟名勝及天然紀念物」，主要還是因為此處是「濱田

鳳山

■1928（昭和3年）陸地測量部《二萬五千分一地形圖・楠梓・高雄》（圖片來源：中研院人社中心：台灣百年歷史地圖）

彌兵衛事件」的發生地點。

十七世紀初，德川幕府並不承認荷蘭人在台灣的合法性，日本人認為他們早在荷蘭人之前便在此地與中國人進行交易，所以不能容忍荷蘭人「坐地抽稅」，因此爆發了「濱田彌兵衛事件」，還強擄了荷蘭長官回日本去。

所以殖民地台灣入選為第一批「國定史蹟名勝及天然紀念物」的「古跡」，絕大部分只能說是具有政治意涵的紀念地點，談不上甚麼「古跡」。可見〈史蹟名勝天然紀念物保存法〉的概念雖然源於西方，可到了殖民地

■金子常光繪「高雄州大觀」。

官員手中還是又變成了統治者的政治教化工具，牛頭不對馬嘴。當然指定政治意涵濃厚的遺跡為「紀念地」是統治者的權利，但列為「史蹟名勝及天然紀念物」就令人哭笑不得了。而「同榜」的左營舊城，之所以被入選也令人有些「疑惑」。

台灣清代營建的城池中，左營舊城的地位十分尷尬，因為它是唯一建城之後未被政府機構使用的城池。不但鳳山縣衙不要它，連日本殖民政府長期以來也沒將它納入城市計畫之內。所以左營舊城之所以相對保存較完整，正是被「遺棄」的結果。台灣其他地方比左營舊城更有歷史意義的城池，此時已經都被拆的差不多了，連城門樓都沒保留下來，根本無法被列入「史蹟名勝及天然紀念物」。

兩則報導證明 西段城牆毀於昭和八年之前

左營舊城當時的狀態，有兩則報導可供參考，

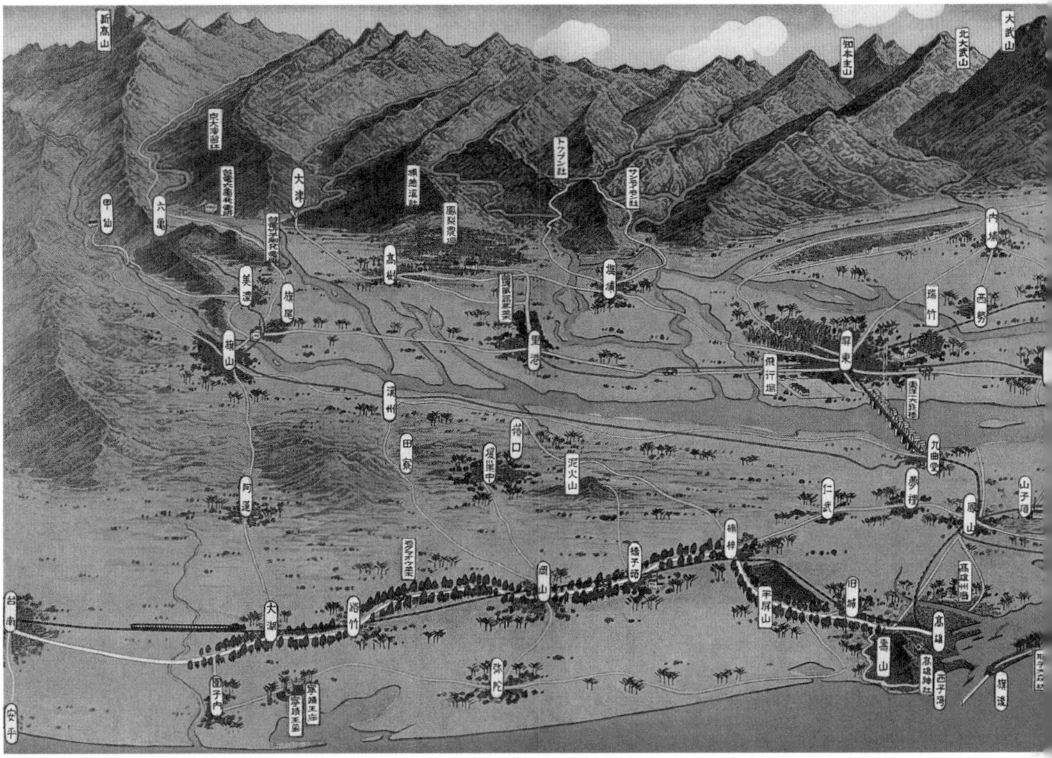

一則是昭和八年（一九三三）台灣總督府史蹟名勝及天然紀念物調查會委員尾崎秀真的調查報告：「……爾來歷經春風秋雨約百年的古城，殘破不堪，然其城壁及其四門，全用石材，東、南、北三門，大略原型殘存，東南一帶大略可以看到當年的形式，西邊城牆全部損毀。現在從縱貫鐵路之車廂中觀望之，古城之景致特別接近人群為東門，即鳳儀門，門上之建築物原形尚存，彷彿有古氣。

在舊城外，孔子廟之內外，有康熙、雍正、乾隆等古碑，並有龜山、蓮池潭等名勝。」

另一則是同年十二月五日刊登於《台灣日日新報》上一標題為〈舊城址被指定為「史蹟」之理由〉的文章：

「道光六年八月十五日完工，爾來春風化雨一〇〇年，城梁及四門因全用石材、現在東、南、北三門、大致原形尚存。西門既已拆除，城牆也只剩東南一帶，大致原形尚存。西方全部拆毀，現在殘留下來風景最雅致的是東門，門上之建築物原形尚存。又城門左右的牆壁上有古氣尚存的彩色畫，在門上之樓閣等處，有許多榕樹寄生，因古蹟蒙受其害，所以要加以適當之保護，以維

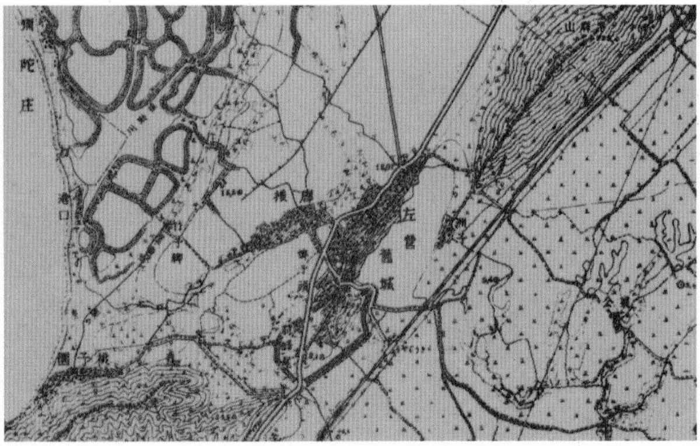

■1928年（昭和3）五萬分一地形圖（圖片來源：中研院人社中心：台灣百年歷史地圖）

持現狀之必要。」

文中提到「……西門既已拆除，城牆也只剩東南一帶，大致原形尚存。西方全部拆毀……」

兩則報導都提到西門與西段城牆被拆除的狀況。大正八年（一九一九）打通高雄市區（鼓山）與楠梓縱貫公路聯繫時，所開通的高楠公路，經過左營路段時僅切穿了北門與西門間的部分城牆，和南門兩側的城牆，為何到了昭和八年（一九三三）不但西門，連高楠公路以西的整段西門城牆都不見了？

根據昭和三年（一九二八）日軍參謀本部陸地測量部繪製的《五萬分一地形圖》，左營大路以西的整段西門城牆極西門城門還未被拆除。到了了昭和十四年（一九三九）繪製的《二萬五千分一地形圖》左營大路以西的整段西門城牆和西門城門，除了路邊以西的一小段，已經全數拆除了。由此可見此段城牆是在昭和三年至八年之間被拆除的。那麼日本人基於甚麼樣的理由在指定舊城為「史蹟名勝及天然紀念物」之前，拆毀了這段城牆與西門？

有些學者認為拆除高楠公路以西的整段西門城牆和西門城門樓是受到昭和七年（一九三二）高雄市第三次擴張的影響，這個都市擴張計畫將桃仔園和前鋒尾畫入高雄市，所以拆除城牆與城門樓在所難免。這說法似乎不無道理，但問題是這個都市擴張計畫直到戰後才被國民政府執行。當時這個都市擴張計畫還只是圖紙、公文上計畫並未付之實施，似乎沒有那麼急切的拆除壓力，因為拆除工程也是要花錢的。

如果再考慮到左營大路的西面路邊還保留一小段城牆和砲台，那麼所

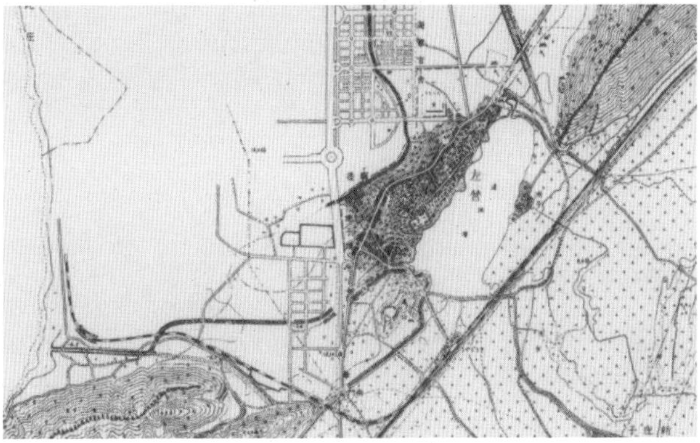

■1943年（昭和18）二萬五千分一地形圖（圖片來源：中研院人社中心：台灣百年歷史地圖）

謂受到昭和七年（一九三二）高雄市第三次擴張的影響的說法就更加不靠譜了。根據昭和十一年（一九三六）台灣總督府發布的高雄都市計畫圖，第三次市區擴張範圍涵蓋了整個舊城城區，如果是因為都市計畫的關係，那麼全部舊城城牆都該被拆除，而不僅僅是只拆除左營大路以西的西段城牆。如果說左營大路以西是先期重劃區，所以先行拆除，那麼為什麼還要保留一小段包含砲台的城牆？這個說法並不合理。

拆除舊城城牆是為了修築南海大溝？

比對昭和三年（一九二八）日軍參謀本部陸地測量部繪製的《五萬分一地形圖》，和昭和十四年（一九三九）繪製的《二萬五千分一地形圖》，這段城牆之所以被拆除，似乎和疏濬南海大溝有關。因為昭和三年的《五萬分一地形圖》，南海大溝還未疏濬修築，城牆也還在。到了昭和十四年，《二萬五千分一地形圖》中的城牆不見了，旁邊卻多了一條南海大溝。難道日本人拆了舊城城牆，將城磚、石材用來改建南海大溝？

拆除城牆，將城磚、石條拿來修建城市的排水溝、下水道是日本時代慣用的手法。清代台北城的石材就被日本人用來構築「三線路」的下水道。

南海大溝清代原本是舊城與萬丹港之間的航道，停泊於萬丹港的商船，乘客與貨物換乘小船後，經南海大溝可駛到舊城、埤仔頭一帶。所以埤仔頭、北門一直是左營商業最繁華之處是其來有自的。南海大溝也是蓮池潭的天然洩洪道，如果淤積阻塞的話，碰上雨季，蓮池潭的周遭必然要遭殃。那麼日本人是否為了改善左營地區的排水，而拆除舊城城牆，修築南海大溝？

根據昭和三年至十四年（一九二八—三九）高雄州廳刊行的《高雄州管內概況及事務概要》的記載，此段時間高雄州廳並未進行南海大溝的修繕工程。所以南海大溝可能是軍方營建左營軍港的配套工程，不是高雄州廳疏浚的。南海大溝如果是昭和十四年之後才修築的，那就不太可能用舊城城磚當建材，因為那段城牆早在昭和八年之前就被拆除了，不可能拖的那麼久才用上。

這段時間，左營地區除了昭和四年在街區進行過道路改善工程之外，並沒有其他重要的土木工程。而且左營街區的道路改善工程總工程費才一千多圓，其中將近一半還是民間的配合款。這種小型工程應該還不至於動用到拆除城磚當路基。那麼日本人為什麼在昭和三年至八年之間拆毀了左營大路西面的城牆和西門城門樓？至今還是一個謎。

有學者認為南海大溝是日本人興建左營軍港時疏濬的，目地是為了隔離軍民兩區與及作為遏阻敵軍的防禦工事，這個說法應該不成立。首先南海大溝幾乎完全在軍區之內，根本無所謂分隔軍民兩區。第二，南海大溝與左營軍港成 T 字形，而且位於港區的邊邊，所以完全無法起到阻隔登陸敵軍的作用。

改建南海大溝唯一的用途就是排水，宣洩雨水。南海大溝可說是左營地區的中央大排水溝，南海大溝的作用和日本時代在台北市開鑿的特一號大排（新生南北路中的大排水溝）和高雄市區的大港（河南、河北路中間

的大排水溝）完全一樣。如果沒有這條中央大排，左營在雨季時會是什麼狀況，還真無法想像。問題是南海大溝究竟是什麼時後疏濬改建的。日本人會到興建左營海軍基地時，才在左營改建南海大溝？還是早在一九三〇年代的早期就改建了？現在還需要更多的史料來證明。

殘牆上的小神社

其實整個日本時代，左營大路以西與舊城西段城牆之間的地面，除了作為擔任自殺攻擊任務的「震洋隊」秘密基地之外，並沒有其他的用途。而且昭和八年拆除城牆的時候，不但太平洋戰爭還沒爆發，連中日戰爭也是在四年之後才爆發，應該還沒有任何人能預見日本即將戰敗，而發動自殺攻擊，因此預留此地為「震洋隊」的秘密基地吧！所以早在昭和八年之前就拆毀左營大路以西的舊城西段城牆的動機更加令人納悶

舊城內的震洋隊共有三個大隊，是台灣地區最大的震洋隊基地。有意思的是，震洋隊進駐之後，並沒有拆除殘存的西段城牆和砲台，反而在殘存的城牆上上蓋了一座迷你神社。或許這座殘牆上的神社還真有「靈驗」，舊城內的三個震洋大隊大概都還沒真出過甚麼「特攻」任務，因為戰後這些「震洋艇」幾乎是完整的移交受降的國軍，震洋隊隊員也沒有機會「玉碎」，大部分都平安的返回了日本。

第6章 空城紀

◆高雄是南進計畫的大本營

◆左營桃仔園軍港是南進基地最核心的部分

◆戰爭機器運轉中的左營舊城

◆舊城內最後的特攻隊員

◆舊城牆上的日軍神社算是古蹟嗎？

專欄◆日本時代左營軍區的營建

前言

現在台灣落入我手，洽與大日本擴展的機會
難忘，菲律賓以在咫尺之間
南洋群島由如卵石之相連
香港、安南、新加坡亦在不遠
皆為邦人可以試其雄飛之地
不過，凡此唯有證之於今後之事實
——松島剛・佐藤宏《台灣事情》

昭和二〇年（一九四五）四月三十日中午十二點左右，美國陸軍第五航空軍六十四大隊四十三中隊的一架 **B-24** 重轟炸機投擲的一枚重磅炸彈擊中了桃仔園（Toshein）軍港的重油槽，立即引發了劇烈的爆炸。投彈之後，這架 **B-24** 重轟炸機的乘員拍下了這幅驚人的一幕。這次劇烈爆炸所形成的蕈狀雲足足有一、兩千公尺高，好像是一枚迷你級的原子彈爆炸效果。方圓十公里的範圍內，大概都能感受到這次爆炸的巨大威力。

這架 **B-24** 重轟炸機的機長大概十分得意，這張「成果照」可以讓他獲得一次極大的獎勵。桃仔園軍港的這幾座重油槽經過這次激烈的爆炸後，應該已被徹底的摧毀，桃仔園軍港因此失去了為軍艦補充燃料最基本的功能。作為帝國最南端的海軍基地，桃仔園軍港將停擺一段很長的時間。從其他的「成果照」也可以清楚的看到一旁的日本海軍第六煉油廠也被炸得濃煙四起，所以即使桃仔園軍港的重油槽沒被擊中，大概也還是無油可加。

有意思的是，在直衝雲霄的蕈狀雲柱旁，竟然還能清楚的看到左營舊城、龜山、蓮池潭、埤子頭、廍後清晰的影像，甚至連新規劃的新莊子聚落也出現在畫面內。從另一張昭和二十年（一九四五）二月美軍拍攝的航照圖，我們也可以看出當時左營舊城的城牆和昭和八年入選為「國定史蹟名勝及天然紀念物」時沒有甚麼變化。美軍轟炸機似乎並沒有把舊城當作轟炸的目標，除了龜山幾門高射炮之外，舊城內並沒什麼有價值的軍事目標。

舊城內本來已經不多的居民，在建築軍港時，已被強制遷出。只有龜山的東邊山腳下和南門西面多出了十幾棟宿舍，剩下的幾乎全是空地，因

■美軍轟炸鹽埕與桃仔園軍港。

為居民遷出後，日本人要求他們也必須把房舍一併拆除，廢棄的建材也必須移出城外。

西段城牆與左營大路之間，那塊被認為是震洋隊基地的地皮上，稀稀疏疏不成林的長了幾堆樹，也看不出有甚麼具體設施。據後來左營文史工作者考證，樹下隱藏了一些防空洞。

西段城牆的西面則是規模龐大、星羅棋佈的宿舍區、司令部、海兵團、工廠區、船塢、機場、軍港、油槽、海軍煉油廠……。帝國南境最具規模的海軍基地正逐漸成形，為何這個規模宏大的軍事計畫到了舊城城牆邊邊竟然戛然而止？只在城牆內蓋了少數工作宿舍，連城牆也沒再加以拆除？難道這個計畫的規劃師知道左營舊城早已被指定為「國定史蹟名勝及天然紀念物」，而有意保存它？目前還沒有任何證據可以加以證實。

令人不可思議的是，左營舊城雖然難逃戰爭機器烙下些許焦灼的傷痕，但卻幸運的在漫天烽火中保存了下來。如今，我們看到舊城一點一滴的重回世人的視野，環顧周遭密不透風的軍港、軍區營舍、眷村、煉油廠

等等數量龐大的軍事設施，實在不能不對舊城城牆與城門還能留存到現在，心存由衷的感激……。那麼，我們該感謝美軍轟炸機瞄準手手下留情？還是規劃左營軍區的日本工程師的留白？或許兩者都值得感謝。

左營正式開始規劃與營建海軍基地是在昭和十二年中日戰爭爆發之後，但是並非中日戰爭啟動了左營海軍港的建設，而是前一年的「五相會議」。

高雄是南進計畫的大本營

昭和十一年（一九三六）是日本近代歷史上戲劇性轉變的的一年，這一年日本軍部的「皇道派」與「統制派」兩者的矛盾進一步激化。二月二十六日這一天，「皇道派」的少壯軍人發動了兵變，刺殺了多名內閣大臣與軍事將領，即史上著名的「二二六兵變」。

兵變最後以失敗收場，「皇道派」勢力徹底瓦解，奇怪的是，得勢的「統制派」竟然回頭走「皇道派」的路線。在「統制派」的支持下，新組成的的內閣採取了極端的法西斯路線。同年的八月由總理大臣兼外務大臣廣田弘毅、海軍大臣永野修身、陸軍大臣寺內壽一及大藏大臣馬場瑛一召開了「五相會議」。

會議決定了〈基本國策綱要〉，主要內容為：「外交與國防相互配合，確保帝國在東亞大陸的地位，同時也向南海發展。」；「帝國要真正成為東亞的安全勢力，為確保此一地位，必須充實國防軍備。」；「日本要排除列強在東亞的霸道政策。」此文件說明南北並進成為日本的基本國策。這是日本第一次以政府公報的形式公開表明，除中國之外，日本還準備向南洋擴張勢力的企圖。

對日本而言，這是賭上了自明治維新以來，歷經日清戰爭、日俄戰爭、一次大戰戰勝所積累下的國本，以及未來的國運。容易走極端的大和民族特質，再加上狂妄的日本軍部，走上這條不歸路其實也不令人感到意外。制定同時「南進」與「北進」的國策，連帶的，位在大日本帝國最南端的左營，這個被遺棄的縣城，卻因「南進政策」而發生了天翻地覆的變化。

所謂「南進政策」，〈基本國策綱要〉的第四條是這麼說的：「策進對南方海洋尤其是對外南洋方面，我（日本）民族經濟上的發展，透過漸進和平的手段謀求我（日本）勢力之進出，與滿洲國的完成相配合，期望國力的充實強化。」

南洋是美國、英國、法國、荷蘭的殖民地、勢力範圍。西方列強在此已經營了三、四百年之久，想將黑手伸向列強餐桌上的奶酪，「透過漸進和平的手段」當然是一句場面話、反話，日本人當然了解武力才是唯一的手段。而帝國南疆的殖民地台灣自然而然被定位為以武力執行南進國策的最重要軍事基地。

「五相會議」召開一個月後，殖民地台灣迎來自一九一九年以來的第一位軍人總督，由備役海軍大將小林躋造出任第十七任台灣總督。之後的台灣總督也都是軍人，台灣此時又走上歷史的風口。

割讓之初，軍人出任台灣總督是基於鎮壓反抗勢力的需要，大正時代之後，島內的反抗勢力基本上已被壓制，一九一九年之後，文人出任台灣

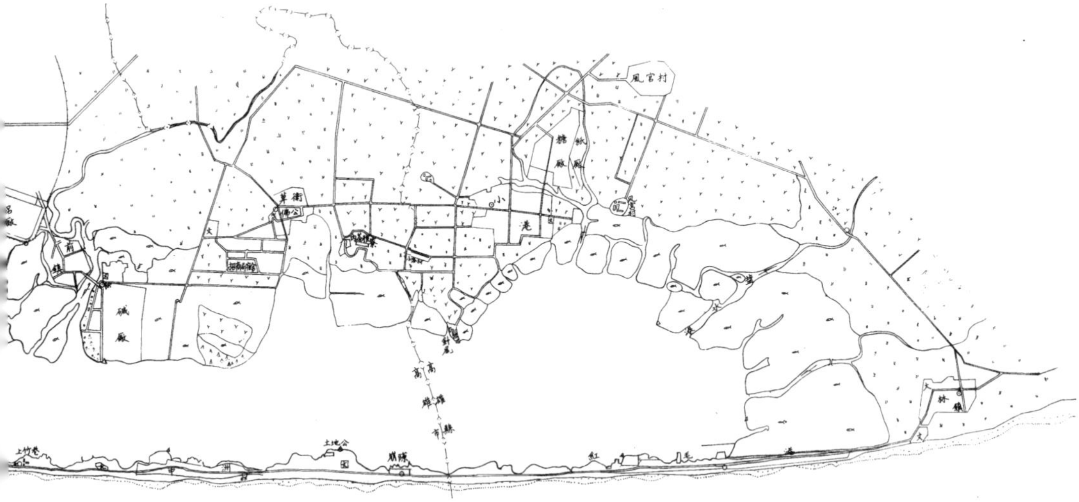

總督進行島內建設與行政改造成了慣例。然而將近二十年後，台灣總督再次由軍人擔任，這當然和南進國策有絕對的關係。小林躋造一上任就提出「南進基地化」、「全島工業化」、「皇民化」三大目標作為施政的主要方針。

所謂「皇民化」是將台灣人由殖民地的屬民，透過「皇民化運動」的改造，成為日本人，進而成為入侵南洋的新生力量。入侵南洋需要相當大的人力資源，不但需要軍隊，也要為後續的經營儲備人力。南洋華僑數量龐大，與台灣人同文同種，語言風俗相通，所以台灣人自然是入侵南洋的最佳人選。另外兩項「南進基地化」、「全島工業化」幾乎主要是在高雄州內進行。

所謂「全島工業化」最核心的部分是以擴建高雄港第三期工程為主軸，在港邊建設一系列的煉鋁、船機、製碱、化肥等重化產業，利用由南洋掠奪而得的工業原料，進行生產半成品供日本本土的軍工產業進行深加工，製造戰爭設備，支援作戰。後來，高雄港邊一系列的煉鋁、船機、製碱、化肥等重化產業，都改為台鋁、台機、台碱、台肥的等國營企業，是台灣七〇年代之前，重化產業的支柱。

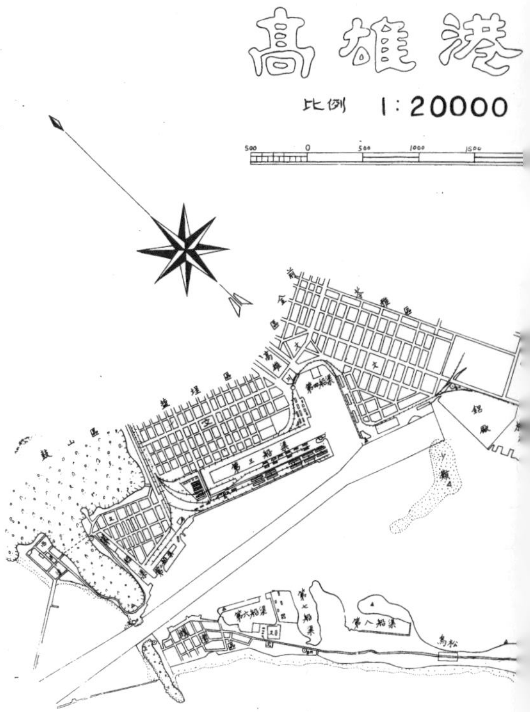

至於「南進基地化」，最主要是以桃仔園軍港為核心在岡山、左營、鳳山、屏東、東港、馬公興建一系列的陸海軍航空基地、軍港、航空器材工廠、倉庫、兵器補給站、二級病院。作為支援南洋作戰的前進基地、軍需轉運站、人員傷患醫療轉診。

左營桃仔園軍港是南進基地最核心的部分

小林躋造提出的「南進基地化」、「全島工業化」、「皇民化」三大目標，其時不僅僅是為了配合「南進政策」也有本位的考慮。根據昭和十三年（一九三八）九月台灣總督府制定的「南方外地統治組織擴充強化方策」，便提出了計畫在台灣設立「南方總督」的構想，甚至一度構想將台灣總督府從台北轉移到高雄，以高雄為整個南洋的統治中心。當然這只是小林躋造個人的想法。

「南進政策」確定之後，日本政府開始在高雄進行多項軍事建設，如(1)籌設高雄要塞，(2)擴建高雄港，(3)修建桃仔園軍港，(4)設置高雄警備府，(5)建設第六海軍燃料廠等。這些建設都是由國家機構主導，台灣總督府只能是配合的角色，無法直接參與。

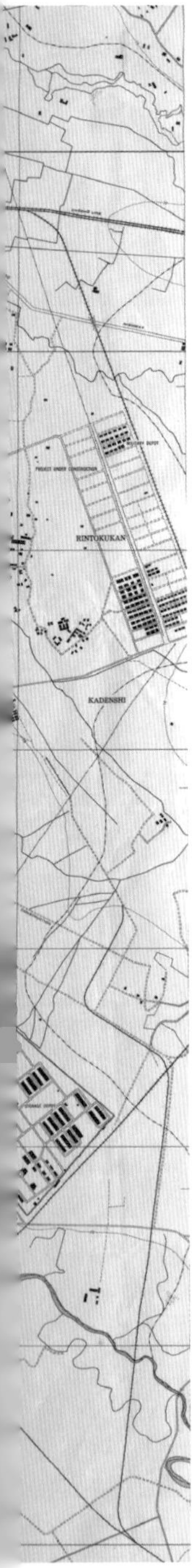

■1944年（昭和19）美軍製高雄港圖（圖片來源：中研院人社中心：台灣百年歷史地圖）

高雄要塞於昭和十二年在現今壽山忠烈祠附近成立司令部，管制範圍涵蓋高雄市、岡山郡、鳳山郡、東港郡、潮州郡、恆春郡等，幾乎占了大半個高雄州。高雄要塞的主要機能是管制民間對軍方設施可能造成影響的活動，例如漁獵、建築、製圖、攝影等，必要時還可實施交通管制。起初高雄要塞和基隆、馬公要塞屬同一級別，後來隨著戰事的升級，昭和十四年高雄要塞升格為二等要塞，太平洋戰爭爆發後，日軍入侵南洋，更升格為一等要塞。

高雄港在中日戰爭爆發前已經完成第二期擴建，戰爭爆發後，隨即展開為期六年、經費七七〇萬日圓的第三期擴建計畫。高雄港的擴建還關係到發電廠、煉鋁、船機、製碱、化肥等一系列重化產業的興建。太平洋戰爭初期日軍進展順利，從南洋掠奪而來的物資湧入高雄港，由這些重化產業加工。另外儲存於高雄衛武營、鳳山等地軍事倉庫的戰爭物資也由高雄港轉運到南洋各地。中途島之役後日軍戰情逆轉，高雄港的三期擴建也跟著停滯下來。

桃仔園軍港是南進基地最重要的軍事設施，原本此地只是一處叫萬丹港的小港灣。日本人在此計畫興建包含港口碼頭、防波堤、五座船渠、機場、船塢、軍工廠、油槽、海軍第六煉油廠、海兵團訓練基地、司令部、病院和龐大的宿舍區。建成後可供一支完整的主力艦隊駐防，成為艦隊的

TAKAO
TAKAO-SHU, FORMOSA (TAIWAN)
Scale 1:10,000
CONTOUR INTERVAL 10 METERS
GLOSSARY
LEGEND
SANKAISEKI
ZENKIN
TAKAO OUTER HARBOR
SEISHI-WAN
SHŌSENCHŌ
MINATOCHŌ
KOTOBUKICHŌ
ENTEICHŌ
HORIECHŌ
SAKAECHŌ
IRIFUNECHŌ
YAMASHITACHŌ
TAKAO RIVER BASIN
REIGARYŌ
KIGOCHŌ
KIGO-KŌ
KIGO NAVAL YARD
HEIWA
T A K A O I N N E R H A R B O R
S O U T H C H I N A S E A
ZENCHIN
T A K A

■海軍軍艦。

永久基地。

高雄警備府是桃仔園軍港的管理機構，具體任務是防守基地、艦艇維修及水兵訓練。警備府原設於馬公測天島，昭和十八年四月遷移至左營。日據早期，馬公的側天島一直是日本海軍在台灣最重要的基地。日本海軍在此經營很久，基地內有船塢、倉庫、病院，設施已經相當完善。為什麼會花費巨資重新營造新的左營桃仔園軍港？後來有人提到是因為馬公冬天風大浪高，不利訓練，所以將海軍基地轉移到左營桃仔園。這個說法似是而非。日本海軍在馬公側天島的海軍基地主要是用來封鎖中國大陸的東南海域，任務相對單純。而南進基地所需的配合條件，絕非澎湖幾個海島可以滿足，單單是煉油廠所需要的水源，澎湖就已經無法供應了。

第六海軍燃料廠是日本海軍高雄警備府管轄下最重要的建設，是中油後勁煉油廠的前身。建廠主要的目地是供應太平洋地區日本海軍艦艇、作戰飛機所需的燃料油。昭和十九年四月主體工程完工，可剛開始生產，美軍轟炸機的空襲就開始了，所以產量十分有限。

戰爭機器運轉中的左營舊城

台灣大學圖書館收藏、轉繪製自昭和十八年（一九四三）日軍參謀本部陸地測量部出版的二萬五千分一地形圖，大概是迄今關於日本時代左營軍區資訊最詳盡的地形圖。國防部史政單位還保有更詳細的地圖，列在日

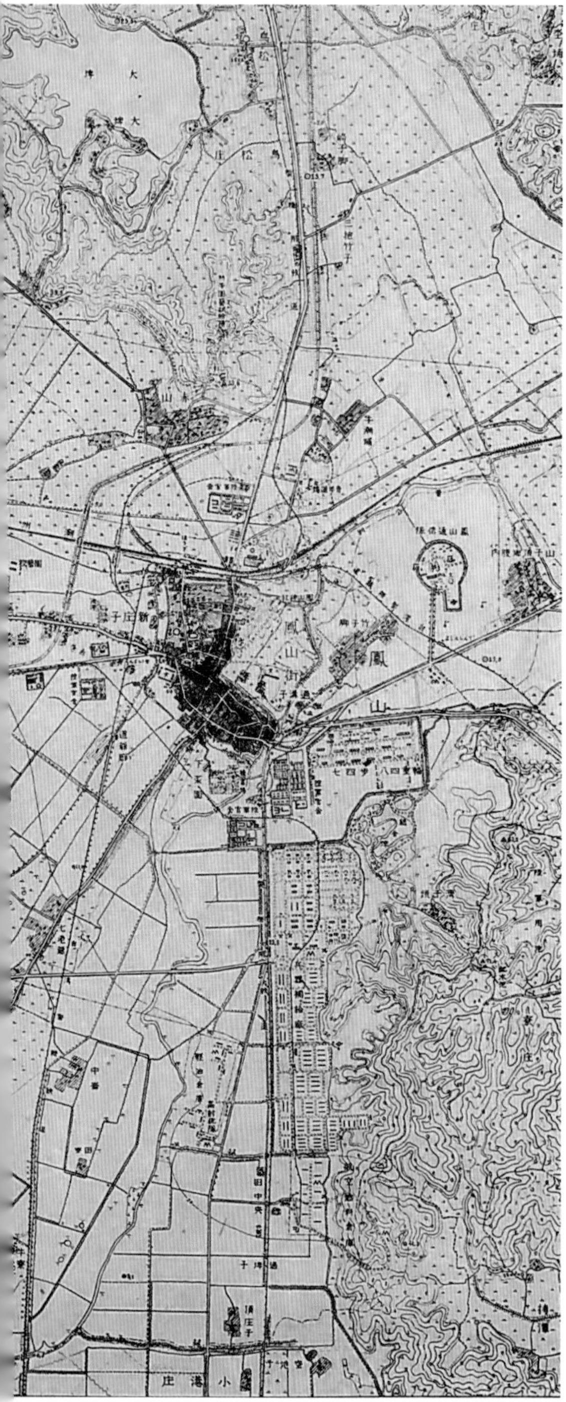

■1943年（昭和18）二萬五千分一地形圖（圖片來源：中研院人社中心：台灣百年歷史地圖）

軍投降後移交的接收目錄中。看過這些地圖的人，大概都有一個疑問，到底日本人在規劃左營海軍基地時，是否有意識的保存了舊城城牆？

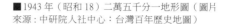

日本人為了防止外人從龜山頂窺探整個左營軍港，所以將整個舊城納入軍區，強制城內居民、廟宇遷出。爾後除了高射炮陣地、洞窟倉庫及少數宿舍之外，日本人並沒有在舊城內大興土木，營建軍事建築，甚至連城牆都沒拆，難道這個計畫的規劃師因為左營舊城已被指定為「國定史蹟名勝及天然紀念物」，而有意保存它？

有些資料提到日本人在興建軍區工作宿舍時拆毀了西段城牆。這個說法其實沒有任何依據，因為早在昭和八年，左營舊城被指定為「國定史蹟名勝及天然紀念物」時，西段城牆城牆已被拆毀，這些都可以從當年七月

高雄港
高雄湾
高雄市

十四日出版的《台灣日日新報》報導及天然紀念物調查會委員尾崎秀真撰寫的調查報告中，可以得到證實。

另外，民國一〇二年西自助新村被清空之後，殘存的震洋隊遺跡逐漸顯露出來時，發現昭和十四年（一九三九）繪製的《二萬五千分一地形圖》中左營大路以西路邊殘存的一小段城牆也沒被拆除。可見營建左營軍區時，日本人確實沒有再拆過城牆。

如今我們已經無法得知，到底是何種機緣巧合，使得營建左營軍區時，日本人沒有再對舊城城牆痛下毒手。歷經規模空前的南進基地大建設以及慘烈的美軍大轟炸，舊城的殘跡還能留存到現在，實在不能不心存由衷的感激。

舊城內最後的特攻隊員

昭和十九年（一九四四）十月起，為配合麥克阿瑟重回菲律賓的作戰計畫，美軍開始對台灣進行頻繁的轟炸行動，以牽制台灣的日軍可能增援菲律賓的行動。十月十四日，千餘架美軍作戰飛機對全島進行輪番轟炸，剛開始日本軍機還能升空迎戰。可沒多久，日本作戰飛機消耗殆盡，美軍戰機從此毫無阻礙的自由進出台灣全島的空域進行轟炸，台灣至此成了完全不設防的戰區。尚未建成的桃仔園軍港被破壞的相當嚴重，營建工程全部停頓下來。

昭和二〇年（一九四五）元月麥克阿瑟登陸菲律賓後，台灣完全暴露在美國陸、海軍航空隊的攻擊範圍內，此後空襲台灣的次數更加頻繁。既然正規作戰能力已完全瓦解，「特攻」成了日本軍方唯一的選項。

就在麥克阿瑟登陸菲律賓的同時，震洋隊開始進駐左營，營區就設在左營大路以西的舊城空地和西段城牆外的宿舍區，相當於後來的崇實、東西自助、勵志新村和海青商工一帶。

進駐桃仔園軍港的震洋隊分別是第二〇、二一、二九、三一隊，全員七二〇餘人，震洋艇二一五艘，陣容相當龐大。除了桃仔園軍港之外，基隆也部屬了一個隊。桃仔園軍港的震洋隊之所以在台灣占絕對的多數，目地應該是對行經台灣海峽北上的美國軍艦進行自殺性的攻擊。那麼震洋隊究竟是甚麼性質的部隊？又如何進行自殺性攻擊？

震洋隊的起源，最直接的關係人是日本海軍少將黑島龜人。黑島龜人曾任聯合艦隊司令官山本五十六的參謀，山本陣亡之後，日本海軍在南太平洋的作戰已無以為繼。艦艇損失慘重，作戰物資極度匱乏，此時黑島龜人開始思考「特攻」戰術。

昭和十八年八月黑島龜人擔任軍令部二部部長後提出了「必死必殺戰法」，簡單的說就是以最簡單的快艇攜帶高爆炸藥，高速衝向敵方艦艇，來個同歸於盡。以一人一艇消滅敵方大型艦艇，達到消耗敵方戰力的目地。

這想法一經提出立即獲得軍方的支持。不到一年，震洋特攻快艇的原型艇研製完成。規格是艇員一名，全長五米，一．二米寬，重一．四噸，可攜帶二五〇公斤高爆炸藥，時速達二十五海浬。

■西門段城牆遺構上的震洋神社遺址。

其實「特攻」的想法並非黑島龜人的「天才」發明，後來除了神風特攻隊之外，日本人還搞出了「回天」魚雷、「蛟龍」特攻潛艇、「櫻花」特攻火箭機等一系列的自殺武器。日本人在一般武器設計上似乎有些平庸，在特攻自殺武器的研發上卻是創意十足。然而這些以年輕生命為代價的特攻武器，效果其實十分有限。

以最知名的神風特攻隊為例，前後一共出動了兩千多架自殺機，結果只擊沉了敵方艦艇三十艘，擊傷二百艘，而且大多還是中小型的艦艇。更要命的是，這麼大規模的自殺攻擊，對遲滯敵方的進攻行動，可說是完全沒有起到任何作用。犧牲了幾千名飛行員，損失兩千多架飛機，換得這些「微不足道」的戰果可說是得不償失。據說美軍將神風特攻隊以日語稱之為「馬鹿」，大概也是哀其愚忠，傷其愚蠢吧！

其它的特攻武器成效沒好到哪兒。據說震洋艇總共製造了六千多艘，最大的戰果是在菲律賓柯雷西多島海戰時，利用夜幕掩護，以五十艘震洋艇重創了美軍巡洋艦、驅逐艦各一艘，以及兩艘登陸艇。

之後登陸琉球時，美軍對震洋艇就有了防範。

當時日軍曾出動的五十多艘震洋艇對美軍陣容空前龐大的第五十八特遣艦隊展開自殺攻擊，結果震洋艇全被美軍以艦艇上的小口徑火砲擊毀，根本沒能接近美軍艦艇。

四支駐守在左營舊城的震洋隊在戰爭期間未曾出過任務，日本宣布戰敗後，配備的兩百多艘震洋艇絲毫未損的由國軍接收。這些只為「一次性」任務而設計的快艇，在製造上談不上甚麼品質可言的。國軍接收之後，除了報廢，沒有更多的再利用價值。

駐守左營舊城的震洋特攻隊員們，可能真的是出於「忠君愛國」的思想而自願擔任特攻隊員，甚至對沒有機會出任務而感到愧疚，但總算能平安的全數返回日本本土，這也不能不說是一種幸運。

舊城牆上的日軍神社算是古蹟嗎？

民國一〇二年西自助新村被清空之後，震洋隊殘存的遺跡也逐漸顯露出來，其中還包括一座迷你級的神社，左營的文史工作者視為一次重大的發現。這座神社是在震洋隊員離開台灣之前，自行銷毀的。雖然損毀的相當嚴重，學者還是對它做了深入的考證。

根據日本神奈川大學教授坂井久能的考證，舊城殘牆上的震洋隊神社屬於「營內神社」，即軍營內的神社。日本曾有一百五十處「營內神社」，而左營的震洋神社則是目前所知台灣唯一的「營內神社」，當然有它的特殊性。問題是它算是古蹟嗎？應該連同就城城牆一塊保存嗎？

光復後，國民政府對日本時代遺留下來紀念碑、神社、銅像並沒有一致的處理政策。銅像因為都是將軍、政治人物，比較敏感，幾乎全數被銷毀，沒有遺留下來的例子。官幣神社有些幾乎是原樣不動的改成忠烈祠，如桃園虎子山神社、嘉義公園神社、台東鯉魚山神社。但這種改法實在是不倫不類，原來拜日本神明的竟然改成奉祀抗日志士，敵我角色互換，令人哭笑不得，這種作法怎麼看都不恰當，可主政者似乎不以為意。

日本時代台灣規格最高，奉祀北白川宮能久親王的台灣神社的改變最離奇。光復後，竟然成了駐台美軍的招待所。後來才又改建為圓山飯店。至於紀念碑就五花八門了。日軍最早登陸台灣之地，澎湖裡正角的日軍登陸紀念碑，原來碑文被水泥填平，然後加上「光復紀念」幾個字就算「大功告成」了；台北西門圓環原來有一位總督府民政長官的銅像，後來銅像拆了底座改成「勿忘在莒」，直到西門圓環改造，才被拆除。這種改法也真不知從何說起。

近年蔣介石銅像與日本時代紀念物，成了政治立場不同的兩方，相互毀滅的目標。那麼我們應該以甚麼樣的方式與態度來處理殘存的震洋神社遺跡呢？是復舊如舊？還是重新復建？這個問題考驗主政者的智慧。

■西門段城牆遺構

■位於原西自助新村的西門段城牆遺構。

日本時代左營軍區的營建

昭和十一年八月　著手建築高雄要塞，在壽山成立司令部。

昭和十二年　九月開始籌畫左營軍港，包括第六海軍燃料廠。

昭和十三年　海軍基地的設立直接影響到桃仔園、竹仔腳及部分廍後居民。居民被迫遷至新庄仔、內惟等地。另外，為了避免從龜山頂窺探整個左營軍港，日本人將整個舊城納入軍區，也強制城內居民、廟宇遷出。

昭和十四年八月　高雄要塞升格為二等要塞，管區含蓋高雄市、岡山郡、鳳山郡、東港郡、潮州郡、恆春郡。

昭和十五年　桃仔園居民三分之二遷至新庄仔、三分之一遷至內惟，竹仔腳則遷至埤仔頭與內惟，舊城內居民遷至新庄仔。
左營軍港正式動工，總面積三千七百萬坪。包括司令部、居住區、工廠、軍需部、海兵團、病院。

昭和十六年　高雄要塞升格為一等要塞。

昭和十七年　因戰局轉變，全面縮小工程，以港口、防波堤之構建及港內浚渫為主。

昭和十八年　海軍馬公警備府遷至左營，改稱為高雄警備府。

昭和十九年十月　因轟炸頻繁工程全部停頓。

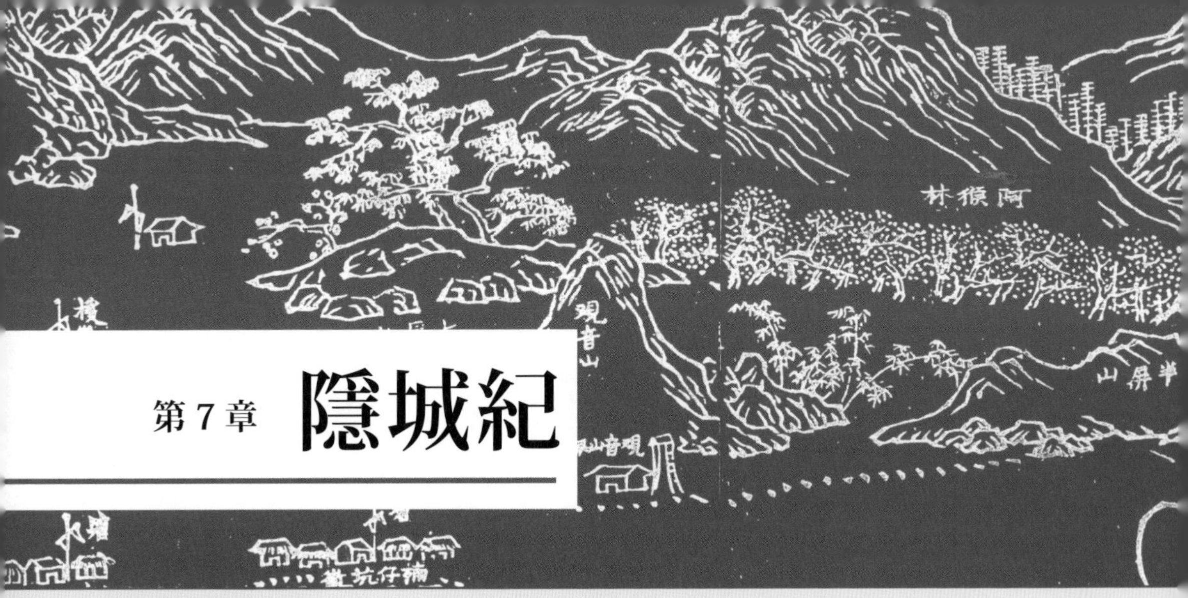

第 7 章 隱城紀

◆ 舊城城牆的另一種可能性

◆ 胡嘉恆是誰？八六海戰又是怎麼一回事？

◆ 五十多年前的那場海戰

◆ 碑上的紀念文字更像是哀悼國光計畫的墓誌銘

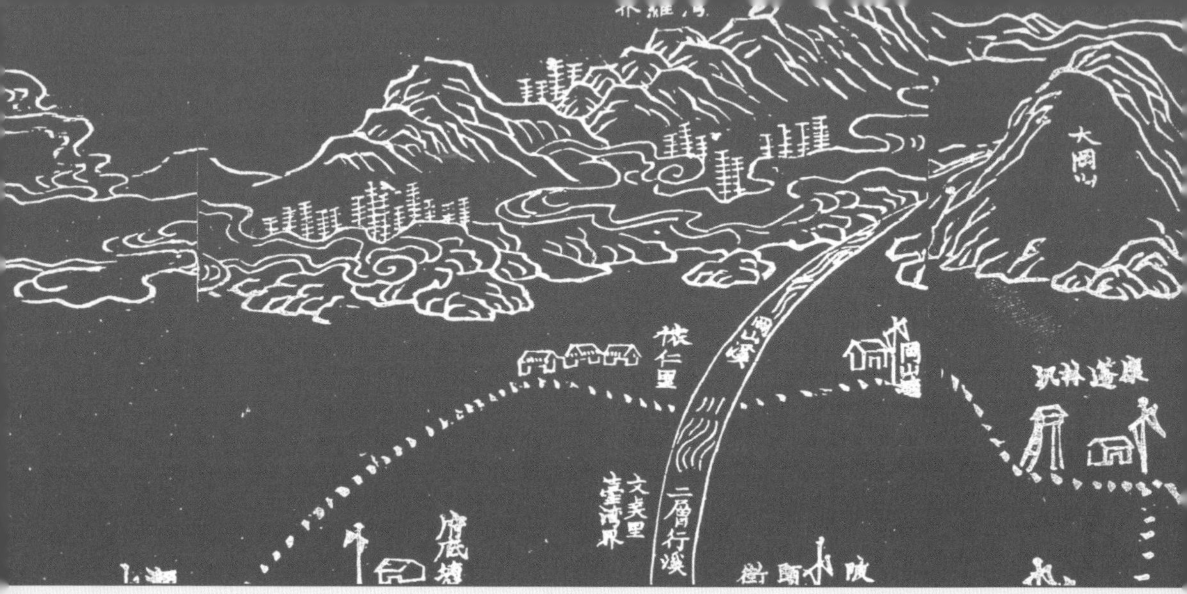

前言

大陸難民潮在舊城城垣上所臨時搭建起來的屋舍……
當然嚴重破壞了牆體的完整性
然而從另一方面來說，這些城牆上的搭建物則使得
所謂城牆的功能變得隱晦不明，
城牆似乎不再純粹只是都市現代化的障礙
反而成為居住形式的元素之一……
住戶遇有空地即不斷往外再行增建，
這使得城牆更加消失
隱匿在房舍之中，成為眷村的一部分
——林佩諭《鳳山縣舊城及周遭聚落變遷之研究
（1661—1970）》3

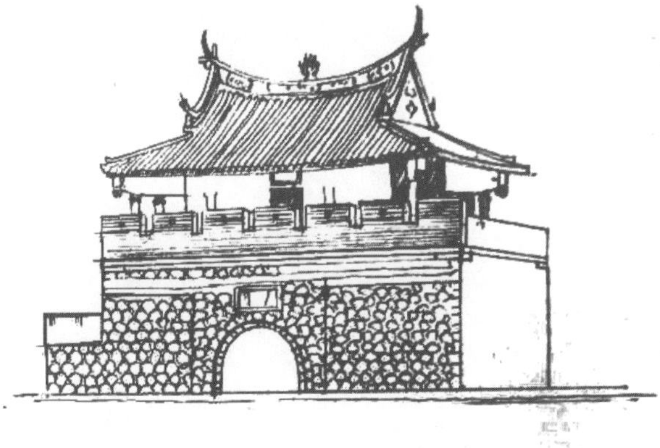

一張民國三十四年美軍拍攝的航照圖，可以清楚的看出桃仔園軍港經過戰爭破壞的面貌。桃仔園軍港在戰爭的末期飽受美軍無情的轟炸，據估計美軍轟炸機在左營軍區內投下了五百多噸的炸彈，相當於於兩千多枚的五百磅重型炸彈，破壞力可說相當大。這個日本計畫耗資四億五千萬日圓的海軍基地，雖然大致輪廓已經成形，但整個計畫的完成度還不到百分之五十，即使在軍區內最核心的部分，還是可看到大片繼續種植的農地。

可見雖然遭到美軍的狂轟濫炸，但對整體軍港建設的破壞還沒有達到不堪再建的程度。應該說雖然遭到嚴重的破壞，但底子還是相當好的，經過整建還是有可能達到預期的目標。民國三十四年底海軍總司令陳紹寬因不願參與國共內戰，乘坐長治艦來台巡視，當他看了劫後餘生的桃仔園軍港後，幾乎可說是「如獲至寶」。因為桃仔園軍港按計畫建成後，可同時停泊一百多萬噸的艦艇，規模相當驚人，在當時的中國幾乎可說是絕無僅有。陳紹寬隨即指示接收人員按照日本人原來的計劃繼續建設桃仔園軍港。同時海軍總部將「台澎要港司令部」設在左營。

陳紹寬出身南洋艦隊馬尾舊海軍體系，和黃埔系為主的軍方體系格格不入，因此不見容於蔣介石。戰後不久隨即指派黃埔系陸軍出身的桂永清取代了陳紹寬，擔任海軍總司令。陳紹寬的下台，對以馬尾舊海軍體系為主的海軍艦艇部隊震動相當大，結果導致大批海軍官兵奪取艦艇投效共產黨。

左營軍港真可謂「天生麗質難自棄」，即使桂永清接任海軍總司令之後也並沒有改變陳紹寬對左營軍港的安排。民國三十六年，左營被列為海軍第三軍區，第一、二、四軍區分別位於上海、青島、海南島的榆林港，

■左營軍港與龜山之二戰美軍航拍，影像年代約 1944 年。

由此可見左營軍港在當時整個中國海軍的重要性僅次於上海和青島。後來上海、青島、海南島的榆林港分別成為中共海軍東海、北海、南海艦隊的駐地。

民國三十七年青島海軍基地快要失守時，總司令桂永清下令將青島造船廠的設備遷到左營來，並派遣海軍副參謀長宋鍔到左營軍區整建海軍基地，為海軍撤退台灣預作準備。

到了民國三十八年，解放軍渡過長江，上海國府海軍的大本營為之震動。年底國民政府撤退至台灣，同年海軍總部也將整個海軍的編制遷到台灣。除海軍總部設在台北外，其他包括艦隊部、陸戰隊、軍區級巡防處、修造機構、供應機構、教育機構等絕大多數機關都遷到左營軍區。此後左營軍區成為國府海軍的大本營，並加速左營軍區的建設。

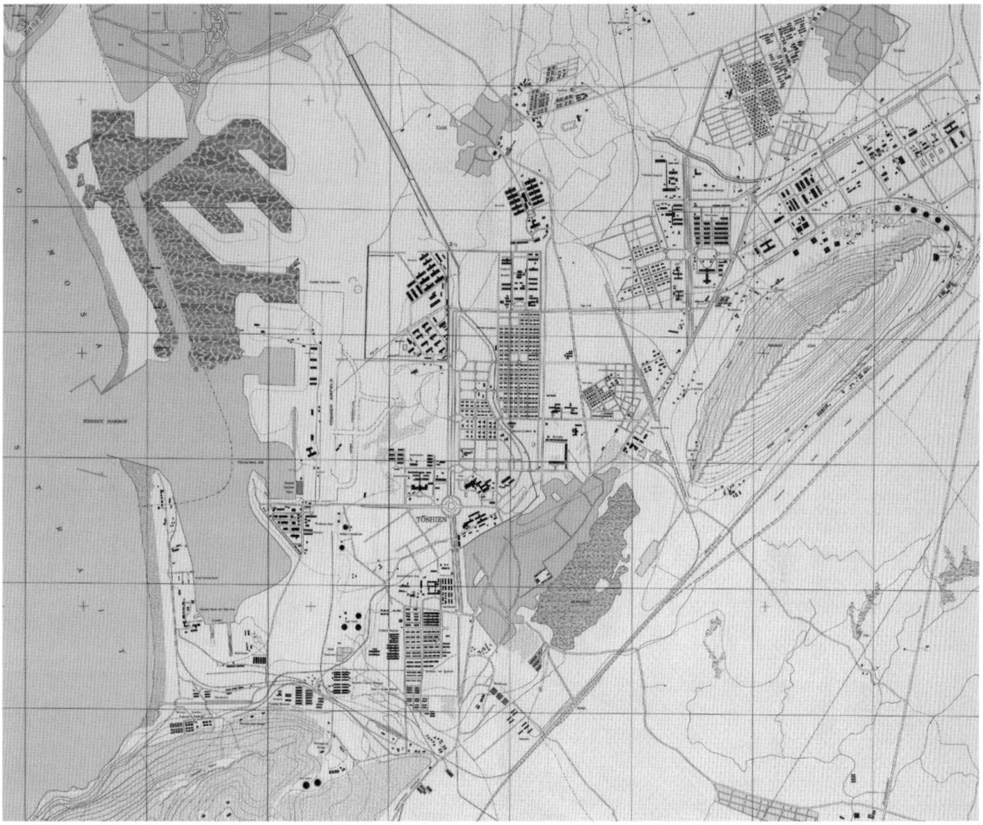

■1945 年（民國 34）美軍繪製的高雄左營軍港地圖。

舊城城牆的另一種可能性

海軍機構遷移左營軍區的同時，另外衍伸出海軍官兵眷屬住的問題。民國三十八來台的政治難民中，軍眷的比例雖然並不算最大，但軍眷的安置卻直接影響到軍心士氣，不容小覷。起先以日本人遺留的房舍做為安置的眷舍，後來連學校、寺廟、民家，甚至牛棚都用上了還是不足，因此便開始多頭進行眷舍的興建。

左營軍區因為軍事機關相對集中，所以眷舍的需求量也來的大。後來在左營區的四十四個里當中，眷村就占了二十二個，正好一半，數量和比例都是相當驚人的。左營海軍眷村的興建大致上可分三種類型。第一種為「日遺宿舍」即日本時代興建的宿舍，如明德新村、建業新村、合

■1946（民國35年）高雄市區域圖

群新村、崇實新村以及勵志新村。

其中明德新村、建業新村在日本時代即為日本海軍高階軍官宿舍，各方面條件較好，所以明德新村只分配給將官作為宿舍，建業新村則為將、校級宿舍。合群新村、崇實新村以及勵志新村原本是造船廠員工宿舍，後來也以高階軍官為主。

第二種為海軍總部興建的克難眷舍，包括復興新村、自治新村、自立新村、自勉新村、勝利新村及自助新村。所謂克難眷舍是指建材較為簡易，多為竹木之類。每戶面積只有四坪大小，廚房兼浴室，而且兩家共用，公廁另建。這種宿舍相當簡陋，當初是在經費拮据的情況下，以低成本大量興建，供大量眷戶有暫時棲身之所為目標。

第三種是由婦聯會出面向公私機關募集興建眷舍基金，後來又以電影票、青果出口、棉紗等附加特別捐的方式籌集。這類型的宿舍在左營地區的有果貿三村、海光二、三村及慈暉三、六村等。這個類別的眷舍分成四個級別，但也只有七至五坪大小，談不上甚麼居住品質。

國府在大陸的時代，軍方並沒有興建眷村的傳統。眷村是台灣特有的居住形態，形式上似乎和日本時代興建的日人區、各種機關的宿舍有些類似，但本質上卻相去甚遠。日本時代的日人區、宿舍的建築區位與所採用的建材、格局都較嚴謹，其目地是彰顯統治者日本人的優越地位，而民國三十八年興建的眷舍和難民村沒有太大的區別。除了高階軍官的宿舍之外，一般的眷舍幾乎很少超過十坪的，很多甚至不到五坪，連廚廁浴室都須共用。而高階軍官的宿舍又都是日遺宿舍，恰好可以顯示出兩者的差異。

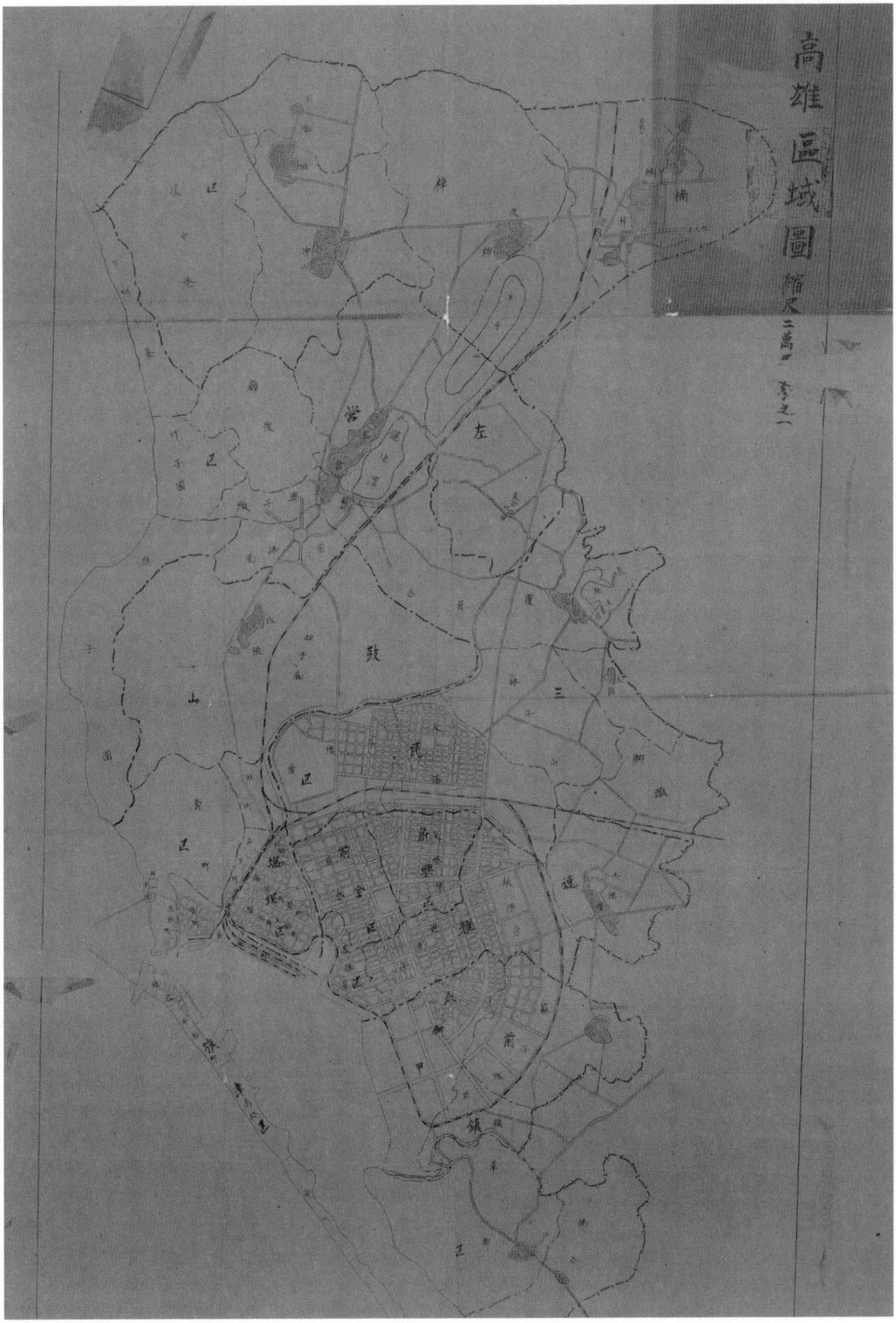
高雄區域圖
縮尺

■胡嘉衡將軍陣亡紀念碑。

軍方在左營舊城一帶大舉興建眷村的同時，左營舊城的城牆也遭遇了空前的浩劫。非軍眷或者和軍方有點關係的大批難民或是依附城牆搭建木棚草寮求得棲身之所，有的甚至鑿空城牆構築像是陝北窯洞的居室，再將挖出的磚石構建違章建築，形形色色不一而足。左營文史學者曾玉坤在〈鳳山縣建城史之探討〉一文上描述當時的情景：「全城幾無一尺淨土或完壁之處，舊城頓成肝腸寸斷，藏汙納垢之處……」，所以有一段很長的時間，高雄地區的報紙，每隔一段時間就會出現一則連文帶圖的「趣聞」：左營舊城城上的違章建築。有人在上面上曬衣服，還有養雞的，好不熱鬧……。事實上直到現在舊城東門北側到小龜山一線的城牆，至今還是被這些違章建築掩蓋。

這時候，舊城城牆幾乎已經被大陸難民的違章建築完全隱蔽。除此之外，舊城城牆還成了城內眷村的圍牆，不是眷村的住戶已經無法進入城門。左營軍區連同眷村成為徹頭徹尾的軍事城堡，從某個角度而言，這是自左營建城以來，最能發揮城牆「功能」的時代。

林佩諭在其碩士論文《鳳山縣舊城及周遭聚落變遷之研究（1661—1970）上寫道：

「大陸難民潮在舊城城垣上所臨時搭建起來的屋舍。對城牆實體而言，這些臨時的搭建既是將城牆鏤空為屋或毀城佔地或拆城採挖磚石，當然嚴重破壞了牆體的完整性；然而從另一方面來說，這些城牆上的搭建物則使得所謂城牆的功能變得隱晦不明，城牆似乎不再純粹只是都市現代化的障礙，反而成為居住形式的元素之一……。住戶遇有空地即不斷往外再行增建，這使得城牆更加消失、隱匿在房舍之中，成為眷村的一部分。」

壯烈永昭

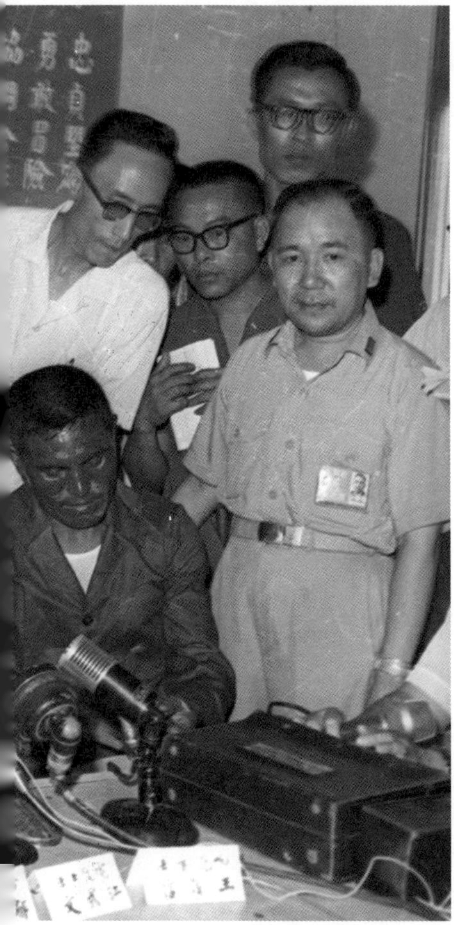

■八六海戰生還戰士記者會。（圖片來源：中央社）

林佩諭以建築學的視角看到城牆的另一種可能性。

胡嘉恆是誰？八六海戰又是怎麼一回事？

位於東、西自助新村之間，中正路、左營大路形成的三角公園內的胡嘉恆將軍陣亡紀念碑，大概是左營具有代表性的地標。這是一座潔白、高大的方尖碑。西方國家如美國、英國、法國、俄國等國，在著名的廣場上，常可見到類似的方尖碑，而左營軍區前的這座方尖碑大概是台灣地區絕無僅有的大型方尖碑。左營舊城內的這座紀念碑嚴格說起來並不能算是方尖碑，因為它和西方國家常見的方尖碑形制不太一樣，碑體是三個面，而西方國家的方尖碑基本上都是四面體。

西方國家的方尖碑有些是自建的，有些則是從埃及掠奪而來。自從拿破崙遠征埃及，帶回一柱方尖碑之後，西方國家紛紛到埃及搶奪方尖碑，作為征服的象徵。古埃及的方尖碑始建於中王國時期，主要是作為崇拜太陽神與法老王的紀念碑，所以方尖碑在埃及並非

泛泛之物，西方國家對方尖碑也是採用同樣的態度，都是用在規格最高的地方，例如美國紀念開國者喬治・華盛頓的華盛頓方尖碑，豎立在華盛頓特區的中心點。華盛頓方尖碑應該是全世界最大的方尖碑。

左營軍區前白色方尖碑紀念的是八六海戰陣亡的指揮官胡嘉恆。胡嘉恆是誰？八六海戰又是怎麼一回事？現在知道的人已經不多了。民國九十四年八六海戰四十周年將近時，相關人士一直期盼官方、海軍能出面召開八六海戰紀念儀式，結果政府、軍方都選擇了沉默。無奈之餘，左營舊城文化協會出面承辦了八六海戰四十周年的紀念儀式。結果海軍總部只派了一名上校副組長出席，高雄市政府兵役處則來了一位科員。其餘，媒體記者

■左營軍港軍事演習。（圖片來源：中央社）

一人，家屬朋友四人，一位是年屆九十高齡的胡嘉恆同學，一位是陣亡士兵的雙胞胎兄弟，另一對夫婦則來詢問參與此次海戰的長輩下落，到了現場才知道這位長輩當年就已經陣亡了。主辦紀念儀式的左營舊城文化協會的工作人員竟然比參與紀念的人還多了許多，場面之淒涼莫此為甚。

民國一〇四年八六海戰五十周年將近時，有心者開始在媒體、網路上不斷的呼籲，最後海軍才出面承辦了紀念儀式，海軍司令當天也出席紀念碑前的儀式。一同出席的還有少數兩、三名海戰倖存者。事實上這也是民國五十七年胡嘉恆紀念碑落成儀式之後，近五十年來官方唯一舉行過的紀念儀式。

諷刺的是，民國五十七年紀念碑落成時，十餘名被大陸遣返的八六海戰倖存者才結束了長達兩年的憲兵單位監管，被移交到聯勤兵工廠工作，繼續受到有關方面的監管，他們也未能參加這場紀念胡嘉恆的儀式。

蔣介石歷來對待被敵方俘虜的國軍官兵是十分殘酷的。受過日本軍事教育的他，大概和日本人一樣，認為如果被俘只能「玉碎」，絕不能「苟活」。所以歷來台灣官方對待被敵方遣返的被俘官兵，和罪犯幾乎沒兩樣。或許蔣介石希望國軍在即將被俘時，也能像「皇軍」一樣，來個「特攻」，以示「漢賊不兩立」的「國民革命軍」的軍人氣節，就像胡嘉恆紀念碑上所提的「壯烈永昭」、「成仁取義」、「氣壯山河」幾個大字……

第7章 隱城紀

■高雄左營軍港。（圖片來源：中央社）

五十多年前的那場海戰

八六海戰是同年海峽兩岸發生的三次海戰之一。而這三次海戰大致都是我方主動挑起，最後以失敗收場。只是民國五十四年八月六日凌晨發生在福建東山島海域的八六海戰，是這三次海戰中損失最大，死亡人數最多的一次。此次海戰我方被擊沉了兩艘艦艇，官兵一七〇餘人陣亡，三十三人落水被俘，僅一人被外籍商船救起。陣亡者還包括指揮官海軍第二巡防艦隊司令胡嘉恆少將及章江艦艦長李準少校，令人傷感的是胡嘉恆還是李準的姊夫。胡嘉恆在此次任務之前，已內定晉升中將。此次出敵後任務是晉升前的最後一次了，因此紀念碑上他的官階是中將，除了追贈之外，也有實缺的意思。

和指揮官胡嘉恆一同在艦橋上指揮作戰的劍門艦艦長王韞山中校，當艦橋被砲彈擊中時受傷落水，為同時落水的我方士兵所救，後來一起被俘。從大陸在海戰後所發布的一張照片，顯示王韞山及幾名被俘的我方官兵在被押上岸時，渾身是傷，只做簡單的包紮，表情十分痛苦。被俘的狼狽模樣，對比一年前接收劍門艦從美國返回左營軍港的照片中，王韞山和全艦官兵受到盛大歡迎、意氣風發的場景，令人格外的感傷。

王韞山被俘後，經過審訊，被遣回大陸原籍，未能同台籍士兵一道遣返台灣。一九八〇年大陸改革開放後，同意王韞山返台，但台灣方面卻不願接納他。無奈

之餘，王韞山只得赴美依親，此後絕口不提當年事。

八六海戰我方被擊沉的兩艘艦艇，一艘是劍門艦編號六五號，是海軍第二巡防艦隊的旗艦，也是艦隊司令胡嘉恆的「座艦」。劍門艦原來係美國「海鴉級」艦隊掃雷艦「巨嘴鳥」號（編號MSF387號），標準排水量八九〇噸，滿載排水量一二五〇噸，時速十八海哩。劍門艦在當時，是我方僅次於四艘陽字號驅逐艦的第二級戰艦。由於陽字號驅逐艦在當時是國之重器，一般任務並不輕易派遣使用。所以劍門艦這一級別的二級軍艦，就得做一些像運送敵後工作者到大陸沿岸之類的「髒活」。

另一艘章江艦（編號一一八號）原為美國海軍獵潛艇PC1232號，民國四十三年

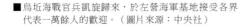

■烏坵海戰官兵凱旋歸來，於左營海軍基地接受各界代表一萬餘人的歡迎。（圖片來源：中央社）

六月移交台灣。標準排水量二八〇噸，最大航速每小時二〇海哩。「章江艦」在海軍艦艇中的級別比劍門艦又低了一級。八六海戰時章江艦的艦艇狀況並不太好。章江艦也是專幹「髒活」的艦艇。

八六海戰的起因是我方派遣劍門、章江兩艦組成的特遣艦隊執行海嘯一號任務，潛入福建東山島近岸，護送特戰人員上岸，俘虜敵方人員，蒐集敵情。但八月五日下午兩艦一出左營軍港就被汕頭方面的雷達站偵測到了。共軍立即派出四條高速砲艇、六條魚雷快艇隱蔽在南澳島的港灣內伺機伏擊。

雙方接戰之後，共軍快艇先將我方兩艦分割開來，然後先緊咬著章江艦不放，經一個小時的激戰，將其擊沉。凌晨天將破曉時，劍門艦仍在大陸外海游弋，沒返航左營，後來有人推測胡嘉恆還抱著一絲希望想拯救章江艦上小舅子李準，但他還不知道章江艦已經被擊沉。黎明前，共軍魚雷艇以高速近戰的戰法逼近劍門艦，最後以三枚魚雷擊中劍門艦。雙方接戰十二分後，劍門艦斷成三截沉入海中。令人不解的是，海軍總部對這場海戰一直處於「狀況外」的窘境，直到下午才從大陸的廣播中獲知劍門艦與章江艦已經被擊沉。八月三十日海軍總司令劉廣凱在各方壓力下被撤換。

直接指揮八六海戰的共軍海軍將領吳瑞林中將後來指出：「八六海戰這一仗是『新中國』海軍史上，迄今為止，殲敵最多、戰果最大、影響層面最深遠的海戰。」今年「解放軍」建軍九十周年大會上，當年參與八六海戰的戰鬥英雄麥賢德又被推到台前，獲頒象徵軍人最高榮譽的「八一勳章」。可見大陸方面對此次海戰的重視。

海軍總司令劉廣凱被撤換其實是有些冤枉的。根據近年解禁的相關資料顯示，像劍門艦與章江艦執行的敵後任務並不歸海軍總部管制，而是由國光計畫研究室直接領導。或許因為任務涉及最高機密，為了避嫌，海軍總部只提供艦艇、人員的支援，一般而言，不太過問具體的任務內容。

據說總司令劉廣凱一直到海嘯一號任務的前一天才看到任務的實施方案，一看大吃一驚，發現漏洞百出，立即找副總司令馮啟聰一起研究，結果馮出差正在返回任所的旅途上，聯絡不上。事實上馮也不清楚海嘯一號任務的具體內容。等到海軍副參謀長聯絡上第二巡防艦隊時，才得知劍門艦與章江艦已經出港執行任務，來不及阻止了。國光計畫

■烏坵海戰後，朱普華艦長與家人團聚。（圖片來源：中央社）

研究室究竟是甚麼樣的單位，可以越過海軍總部執行最高機密的任務？

碑上的紀念文字更像是哀悼國光計畫的墓誌銘

民國五〇年前後，大陸一方面發生了「三年自然災害」，國內農業生產陷入低潮，人民生活相當困難。另一方面，因蘇聯共黨總書記赫魯雪夫企圖與西方和解，中共極可能被孤立。最後中共與蘇聯鬧翻，蘇方撤回專家，連工業生產也受到影響。蔣介石認為這是「反攻大陸」的良機，因此集合了兩百餘人在台北三峽的山區成立國光研究室執行「反攻大陸」的計劃，所以國光計畫就是「反攻大陸」的計劃。

國光計畫的執行首先要蒐集敵情，而海嘯一號任務就是護送敵後工作人員進入大陸蒐集敵情。從民國五十四年一連發生四次海戰，可見當時是海軍艦艇護送敵後工作人員進入大陸沿岸的高峰期。根據當年參與者的回憶，類似海嘯一號的行動任務相當多，很多人甚至不當一回事。

但是劍門艦與章江艦沉沒後，同年年底烏坵海戰又以永昌艦沉沒、永泰艦重創失敗告終。此後海軍艦艇接近大陸沿岸更加困難，國光計畫的執行已無以為繼了。中國時報駐美特派員傅建中在一篇〈『八六海戰』的劫後之花〉的報導寫道：

「八六海戰」的慘敗，粉碎了蔣介石反攻大陸的夢，這

場海戰事實上就是極其機密的「國光計畫」的一部分，而「國光計畫」的目的即在反攻大陸。不過一個多月後蔣經國以國防部長身分訪美，與美國防部長麥納馬拉會談時，還是提出他父親反攻大陸西南五省的計畫，以紓解美軍在越南戰場所受中共援越的壓力，但遭麥納馬拉一口拒絕，說是沒有美軍參戰是根本不可能的事；亞太事務助理國務卿彭岱（William Bundy）在家中舉行小型酒會歡迎蔣經國時，還就『八六海戰』美國事前完全不知情向蔣表示不悅，因為根據中美共同防禦條約，這類軍事行動雙方事先要磋商並同意的，顯然台北已違反了此一規定。……」

美國人一口回絕了蔣經國的國光計畫，並非因八六海戰事前未告知美方，而反對此一計畫。事實上美軍顧問團在左營軍區派有美軍顧問群，不可能對蔣氏父子玩弄的海嘯一號之類的敵後任務完全不知情。當時美國CIA正利用台灣空軍「黑貓中隊」以U2高空偵察機執行偵查中國大陸內陸地區的原子彈、氫彈試爆，不太願意戳破國光、海嘯之類小打小鬧的把戲，而影響雙方的合作氛圍。但是如果想進一步拉美國人配合國光計畫，美國人當然會碼下臉來，對蔣氏父子提出口頭上的警告。亞太事務助理國務卿彭岱對蔣經國表達的抗議就是一記響亮的耳光。

民國五十三年中國大陸完成原子彈試爆，三年後氫彈試爆成功，成為「核子俱樂部」的一員。之前美國、蘇聯對中國大陸的「核訛詐」宣告失效，此後兩個超級大國對華政策必須另起爐灶。而台灣擔任美國前觀偵察兵的角色正逐漸喪失其價值。至此國光計畫只能草草收攤，從此不再提「反攻大陸」這近乎夢囈、毫無實質內容的政治口號。

左營舊城內胡嘉恆中將陣亡紀念碑大概是台灣南部地區最華麗的紀念，而且方尖碑造形在西方國家所具有的最崇高的政治與信仰的意涵，蔣氏父子不可能不知道，但他們為什麼將具有這麼崇高的政治與信仰象徵的方尖碑用來紀念一個位階、戰功與其並不相襯的陣亡將領？雖說軍方宣傳機關一直宣稱胡嘉恆是歷來海軍作戰陣亡官兵中位階最高的將領，但他在蔣氏父子心中的分量真有這麼重嗎？一九六〇年代海軍作戰陣亡的官兵何止數百名，難道他們只配作無名陣亡將士，一切的死後哀榮都得全歸胡嘉恆中將嗎？只要看看他們對待海戰倖存者的態度，就不難想像這些默默無名的陣亡將士在他們的心中有多大的分量。

那麼他們為什麼要拖到三年後才樹立這座方尖碑，紀念胡嘉恆將軍與這場慘敗的海戰？或許真正的答案已隨著蔣氏父子埋沒到他們的棺柩之內，無人可以得知。中國大陸成功的氫彈試爆，已將中華民國在聯合國近乎虛構的安理會常任理事國頭銜從代表席位上震落，連美國也扶不住了。從歷史的時間軸來看，胡嘉恆將軍紀念碑更像是一座墓碑，碑上的紀念文字像是哀悼國光計畫的墓誌銘。

第8章 見城紀

◆光復後城牆與城門的狀況

◆老舊眷村改建是影響舊城復原的一項變數

◆西門段的系列發現催生見城計畫

專欄◆左營舊城見城計畫

前言

西門段遺跡之出土與保存，對照文獻敘述
於建築形式及技術史而言，有突破性的發現
透過指定與保存、可以呈現鳳山縣舊城西門的
興建、消失、隱於眷村之中、終於再發現等豐富之歷史事件
以此見證鳳山縣舊城自清代、日治時期
以迄民國時期在都市發展上的轉折與延續

——文授資局蹟字第 10430033682 號文

民國七十五年高雄市政府執行勝利路拓寬工程時，竟然將北門附近的城牆拆除了十九公尺。這段城牆早在昭和三年（一九二八）進行舊城驛（縱貫鐵路左營站）與高楠公路間聯絡道路的截彎取直工程時，就已經拆毀了部分城牆，此次拆路對北門段城牆造成的破壞無異雪上加霜。起初高雄市的市長蘇南成似乎不認為這是甚麼了不得的事，結果在輿論界卻引起了軒然大波。

拆除城牆的荒唐措施引起公憤之後，殘破的左營舊城終於引起了各方的重視，於是高雄市政府委託建築學者李乾朗對舊城城牆做全面的調查。民國七十五年的六月開始工作，九月完成調查報告。從後來高雄市民政局出版的《鳳山縣舊城調查研究》我們大致可以了解舊城當時的狀況。

光復後城牆與城門的狀況

當時舊城城牆以東門至南門段保存的狀況較好，城壕也還算完整。李乾朗甚至在《鳳山縣舊城調查研究》書中的圖片說明上寫道：「東門附近之城垣，綿延數百公尺，至為壯觀。」以這句話形容經過修護後的情景依然是成立的。這段城垣可說是清代台灣構築的十餘座省、縣城中遺存到現在，最長也是最完整的一段。其它的城垣，除了北門附近的城垣牆體受損不大外，不是已被拆除便是埋沒在違章建築中。

至於城門與城門樓部分，狀況就比較多樣化了。其中西門在日本時代

■清末必麒麟拍攝的北門及其附近城牆的影像。

就已經被拆除，拆除的年代並不清楚，也沒留下任何老照片，所以至今還沒有任何西門的影像資料可供參考。西門的門額原本被棄置在左營市街的巷弄中，大概是日本人拆除西門的時候，左營居民從廢墟中拉回來，特意保存下來的，現由西子灣的前英國領事館收藏。

南門大概是因為位於左營軍區的入口處，歷來軍方都相當注意南門的維護。南門原來木結構的城門樓，在建城百年後，大概是在昭和初年時倒塌了。光復後軍方重新整修南門，並重建城門樓。但整建的目的應該只是作為軍區門面而加以美化，並沒有經過嚴格的學術考證，所以整修後的南門城門樓和原樣有相當的差異。

民國五十八年時，大概是配合南門圓環的新修，南門整個城門、城門樓又重新翻修一回。城門的四角以澆灌鋼筋混凝土柱加固，城門樓也重新構築，所以整個外貌已面目全非。當時南門的城門上還掛了蔣經國的「革新．動員．戰鬥」語錄。蔣介石過世之後，又加上「永懷領袖」等標語。可見當時南門是被當作為「精神堡壘」而得以保存。

後來，李乾朗根據東門、北門的舊照片以及志書中記載的尺寸，嘗試做出了南門圖面上的復原。相較於南門，東門和北門在光復後並沒有受到軍方的重視，或許正因為如此，還算是一件值得慶幸的事，如果軍方以當時重建南門的方式整修東門與北門，那還真是一場「文化浩劫」。

必麒麟的《老台灣》一書中曾刊登一幅從龜山上拍攝北門及附近城牆的照片，只是作者將此圖誤標為台南府城。此圖應該是拍攝於咸豐、同治年間，圖中的城門、城門樓、城牆都相當完整，沒有受到破壞，甚至還相當新穎，大概距離建城的年代還不算久遠。另外明治末年的舊照也還可以看出北門的城門與城門樓還相當完整。可到了昭和初年，城門樓不見了。北門是舊城城內與埤子頭、廍後最主要的聯絡通道，城內現存的街道也都靠近北門，算是舊城內最有人氣的地方，因此日本時代之後基於修路的需要，對北門一代的城牆破壞相當大，甚至到了民國七十五年還為了修路拆城牆，所幸此

■左營舊城的東門和城牆為目前保存、修復狀況最完整的，城門兩側仍有城垣數百公尺。（攝影：吳志學）

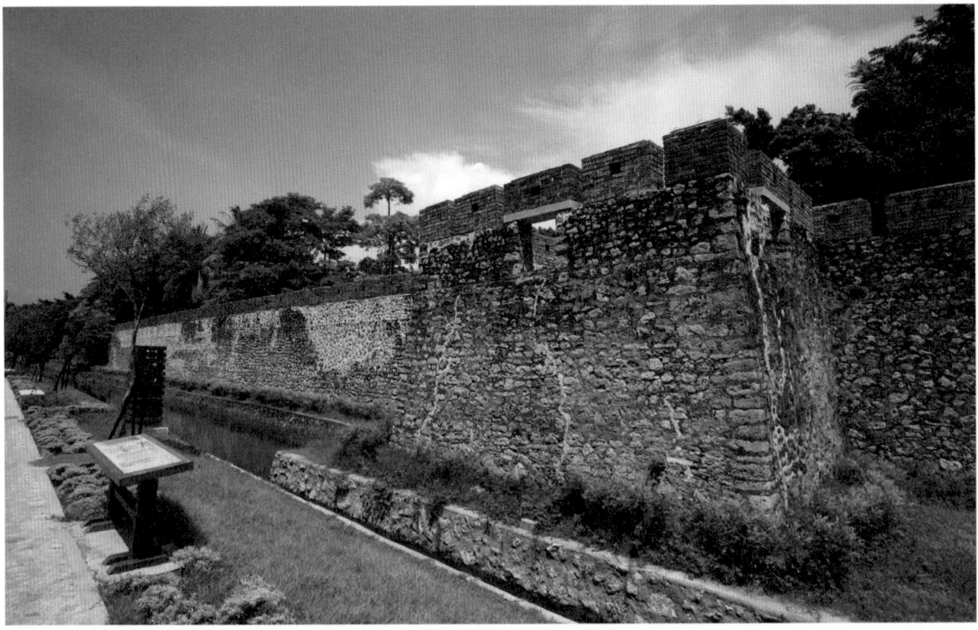

■東門段往南門方向延伸的城牆、砲台與護城河景觀。（攝影：吳志學）

次拆城牆引起了「公憤」，終於跨出了「見城」的第一步。

東門大概是舊城的四個城門中保留舊照片最多的城門，可能因為它是舊城的正門，而且這一帶的城牆也相當有氣勢，特別引人注意。可李乾朗調查的時候，東門狀況比北門還差，城門樓不但早在昭和初期便已坍塌了，光復後竟然在原地「長」出一座類似碉樓的瞭望塔，這應該是軍方建來當作監視哨所之用的。北門再早之前也有違建，不過在李乾朗開始調查時已經開始拆除。

軍方可能為了管制方便，將東門封閉了起來，還在城門上蓋了一座高聳的監視哨所。因為磚造的監視哨所的重量壓迫，城門的門洞下用鐵柱撐住，防止門額下塌。從這幾個城門的狀況看來，在軍方的管制下，舊城的破壞更加嚴重，而唯一經過修復的南門，卻修得令學者為之捶胸頓足。

老舊眷村改建是影響舊城復原的一項變數

李乾朗提出的調查報告與修復計畫，於民國七十六年二月通過內政部的審查，由高雄市政府開始進行修復工作。主要修護的部分為北門與附近城牆以及東門與東門至南門段的城牆與砲台，大約六百五十公尺左右。其餘殘存的城牆因仍包覆在違章建築之中，還不具備修復的條件。經過四年的整修終於完成了修復工作，其中東門與北門僅針對城門做修復，城門樓則暫緩復原。

■從北門眺望周邊的眷村景象。

■北門城垣保存現況。

雖然修復完成的東門段城牆有數百公尺長，且將城壕、砲台也一併修復，在台灣的殘存的古城中算是相當雄偉壯觀，但在外界的知名度並不算高。或許當時大眾的注意力都投注在左營眷村的改建問題上，左營舊城修復後的城門與城牆並沒有成為重要的觀光景點，甚至連高雄市市民也不甚了了。

當時舊城內還有為數不少的老舊眷村，如果無法解決老舊眷村改建的問題，不但埋沒在違章建築中的城牆沒有修復、重見天日的可能，甚至連已修復的部分都有可能重蹈覆轍，被住戶侵吞佔用。

由於老舊眷村原本的建材就十分簡陋，經過數十年的居住已經相當危險，成了建築安全的隱患，所以早在民國六十六年蔣經國在行政院長任內就已經決定逐步改建老舊眷村。但是眷村的數量相當龐大，改建老舊眷村不僅牽涉到經費問題、法令問題，甚至還有社會公平正義上的問題。尤其是高房價的都會區，平價國民住宅一向供不應求，無住屋者對國家花大筆經費在眷村改建上，當然會認為不符合社會的公平正義。

但是老舊眷村的存在所引發的多重社會、政治、都市計劃問題，已經到了不得不面對的地步，於是老舊眷村改建終於成了歷屆政府的共識，不再有疑慮。左營舊城一帶的眷村中最早改建的是南門附近的果貿三村，軍方與高雄市政府合建「碧海新城」。「碧海新城」完成的時間比舊城東門段城牆的修復還早。

民國八十五年二月〈國軍老舊眷村改建條例〉通過後，左營舊城附近的老舊眷村改建開始加速。從民國八十五年到九十三年有九個眷村的房舍拆除，眷戶遷入新建的翠峰、翠華國宅。其中舊城內勝利新村、海光二村、海光三村的拆除對舊城復原的前景是一大鼓舞。

但是與此同時，國防部仍將舊城內東自助新村原址列為眷村改遷建的基地。如果此處成了改建的國宅，不但埋沒在違章建築中的城牆將被徹底摧毀，整個舊城的復原也變得完全不可能。就在建商進行整地時，高雄市政府文化局以「左營舊城文化學會」主張此處可能有舊城遺址為由，建議暫時停工。後來經過中研院考古專家劉益昌主持進行的考古挖掘，確定將此處列為古蹟而加以保留，因此改建國宅的工程也就此停擺。

西門段的系列發現催生見城計畫

民國一〇〇年國防部決定拆除左營中正路以西的西自助新村時，引發民間保存眷村的聲浪，甚至有大學生自發地彩繪眷村房舍，而吸引了大批觀光人潮。西自助新村是日本時代舊城被拆毀的西段城牆與西門的所在。同年的五月「會授資籌二字第0030029591號」文指出：「西門段城牆遺構，為『鳳山縣舊城』不可分割的一部分，對於『鳳山縣舊城』在保存上的完整性具有重大意義。」

鑒於民國九十三年東自助新村因發現遺址而停建國宅的事件，民國一〇三年國防部在進行拆除西自助新村時，高雄市文化局委託高雄大學團隊進行拆除工程的監看。在地面清理工程的進度中，高雄大學團隊發現了一系列的清代與日本時代的遺跡，包括西段城牆遺跡、西門門座遺跡、西門

■原西自治新村的考古挖掘工程。

■原西自助新村內的城牆遺構。

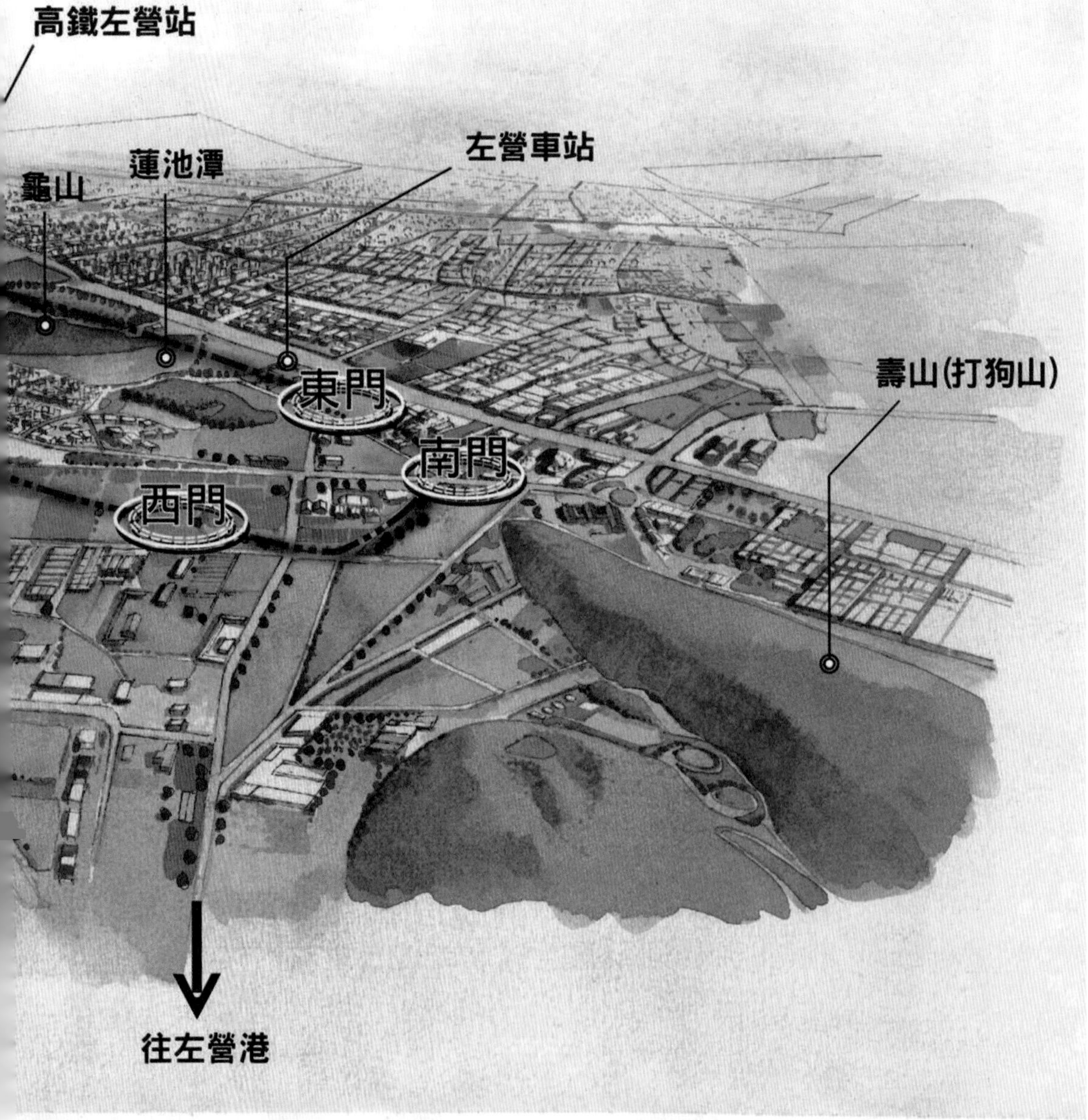
高鐵左營站
龜山
蓮池潭
左營車站
東門
南門
西門
壽山(打狗山)
往左營港

■東門

■西門遺構

■南門

■北門

砲台、震洋隊舊址、震洋神社與防空壕設施等。這次的發現對左營舊城的復原至關重要。經過此次發現，整個左營舊城的原址，完全確定為國定古蹟，為「見城計畫」的實施提供了法令上的依據。

經由此次的發現，文授資局蹟字第 1043003682 號文指出：「西門段遺跡之出土與保存，對照文獻敘述，於建築形式及技術始而言，有突破性的發現。透過指定與保存、可以呈現鳳山縣舊城西門的興建、消失、隱於眷村之中、終於再發見等豐富之歷史事件，以此見證鳳山縣舊城自清代、日治時期，以迄民國時期在都市發展上的轉折與延續。」

自此，自民國七十五年以來對舊城的復原與發掘終於有了一個完美的結局。近兩百年來的左營的舊城，歷經無數的波折，終於等到重見天日的一天。高雄市政府文化局所規畫的「見城計畫」也得以順利推動。

左營舊城見城計畫

高雄市政府文化局所規畫的〈左營舊城見城計畫〉共分為五個部分：一、東門段：重建台灣第一石城；二、北門段：縫合龜山串接蓮潭；三、西門段：歷史堆疊城市考古；四、南門段：舊城門戶重塑再造、五、城內：貫穿古今散步舊城。

東門段：重建台灣第一石城

東門南北兩段，海強幼稚園段以及眷村文化館段殘跡經專家認定均為鳳山縣舊城城牆，但至今仍被占用，首先要將這兩段城牆納為國定古蹟，然後排除占用，再進行修復成為「台灣第一石城」。

此外還要將代表舊城防禦精神的城壕——護

城河重新通水。並考據過去舊城護城河的風貌，進行整體護城河景觀重塑，打造舊城藍帶水岸精神。期能以此為題材，透過舊城環境劇場或音樂燈光等展演形式，讓古蹟重回民眾生活之中，重新連結土地與人民的歷史記憶。

北門段：縫合龜山串接蓮潭

北門段城牆目前尚缺龜山蓮池段、海軍出版社段、左營大路四巷段，目標為先將此三段殘跡納為國定古蹟，然後就文史保存意義及實體定著領域重新接合界定，並進行城牆定著土地佔用物清理與殘跡修復作業，復原北門全段城門與城牆的完整面貌。

此外，東門段與北門段之間的城牆，早年因勝利路的開闢與拓寬被拆除，未來將以「空中馬道」縫合龜山與蓮池潭的地景，重現清代「圍龜放蛇」（倚龜山建城）的歷史風貌。

西門段：歷史堆疊城市考古

西門段出土的砲台、城牆殘跡與西門城基是近年考古的重要發現，因此將以文史保存意義及實體定著領域重新界定，著手進行鐵工段的殘跡修復，失落的城門與城牆則透過展示手法重塑演繹，讓民眾以另一個視角看見舊城。

西門城牆重見天日後，同時也發現日遺軍事設施，如神社遺構及眷社下方隱藏日軍防空壕。經學者研究解開二戰期間震洋特攻隊在左營舊城的活動，以及震洋營舍、防空壕配制之謎。此外此處亦為史前人類的活動區域，搭配遺址的發掘，可豐富台灣文化的歷史縱深。

南門段：舊城門戶重塑再造

軍方早在光復後就曾兩度大規模整修南門，但當時缺乏古蹟維修的觀念，只是當作左營軍區的大門，以精神堡壘的概念加以整修，已完全破壞南門原有的歷史風貌。而且因為圓環車道的環繞使得南門成為孤島而難以親近，今後改造重點必須調整道路路型及交通系統，透過地下化的形態，將原本成孤島狀的南門重新與整個舊城融為一體，以利南門廣場意象的營造。

城內：貫穿古今散步舊城

舊城城內空間歷經明鄭時期軍屯制屯墾，清代又在此營建官署、廟宇及街道。加上日本時代的軍事設施與光復後的眷村，不同時期的歷史建物堆疊深厚且豐富，具有登錄文化景觀的價值。

今後將計畫在城內建置「舊城館」，展示鳳山舊城的石城考古模型。並以互動式空拍投影、實境體驗及數位多媒體設施詮釋與重現舊城自明鄭迄今的歷史軌跡，使參觀者感受到身歷其境、跨越古今的實感經驗。

另外南門周邊交通系統重新調整後，以西門內、舊城遺址、三角公園至南門廣場的場域重新規畫為舊城遺跡歷史公園，重現昔日舊城城內古代街道與常民的生活形態，如商店街市、官署、廟宇，配合城內步道系統的規畫，提供解說導覽，使參觀者體驗漫步時光隧道的感受。

參考書目

1. 高雄市文化局，張玉琦建築師事務所，《南門修復工程報告》（高雄市：高雄市文化局，2006年）
2. 高雄市文化局，樹德科技大學，《國定古蹟鳳山縣舊城（南門）調查研究即修復計畫》（高雄市：高雄市文化局，2006年）
3. 高雄市文化局；高雄大學都市發展與建築研究所，《鳳山縣舊城遺構調查研究計畫》（高雄市：高雄市文化局，2011年）
4. 高雄市文化局；高雄大學永續居住環境科技中心，《國定古蹟鳳山縣舊城西門段遺跡暨自助新村周邊日遺軍事空間及設施調查研究計畫正式報告書》（高雄市：高雄市文化局，2015年）
5. 高雄市文化局；打里摺文化協會《原自助新村（鳳山縣舊城西門段城內空間）考古試掘及研究計畫成果報告書》（高雄市：高雄市文化局，2014年）
6. 高雄市文化局；舊城文化協會，《鳳山縣舊城城內歷史空間調查研究期末計畫》（高雄市：高雄市政府文化局，2011年）
7. 高雄市文化局；高雄大學都市發展與建築研究所，《國定古蹟鳳山縣舊城東門調查研究即修復計畫》（高雄市：高雄市政府文化局，2010年）
8. 劉益昌《高雄市左營區舊城遺址》（高雄：高雄市政府文化局，2009年）
9. 高雄市政府文化局，台灣打里摺文化協會，劉益昌，《歷史的左營腳步—從舊城考古起談起》（高雄：高雄市政府文化局，2008年）
10. 高雄市民政局；李乾朗，《鳳山縣舊城調查研究》（高雄市：高雄市政府民政局，1987年）
11. 高雄市文化局；高雄大學《高雄市左營舊城西門遺跡調查研究》
12. 高雄市文獻委員會；曾光正，《左營舊照片暨古文書》（高雄市：高雄市文獻委員會，2004年）
13. 張守真，〈左營興隆庄淪為舊城原因初探〉（高雄市：高市文獻，第十卷第一期，1997年09月，頁1-21）

14. 張守真，〈清代鳳山縣舊城歷史回顧〉《「南台灣鄉土文化」學術研討會論文集》（嘉義：中正大學，2000年）
15. 黃瓊慧，〈左營地區的區域發展〉（高雄市：高市文獻，第十卷第一期，1997年09月，頁67-112）
16. 黃文珊，《高雄左營眷村聚落的發展與變遷》（高雄市：高雄師範大學地理研究所碩士論文，2007年）
17. 廖德宗、郭吉清，〈左營舊城的日軍震洋隊神社及遺址探查〉（高雄市：高雄文獻，第四卷第三期，2014年）
18. 廖德宗〈清代鳳山舊城內寺廟、官署與街道空間之考證〉（高雄市：高雄文獻，第二卷第四期，2012年）
19. 廖德宗，《變遷的新庄子—土地開發另一章》（高雄：高雄市地政局，2012年）
20. 內政部營建署；曾光正，《清代鳳山縣舊城城內空間調查研究》（高雄市：高雄文化局，2011年
21. 林佩諭，《鳳山縣舊城及周遭聚落變遷之研究》（台南市：成功大學建築學系碩士論文，2002年）
22. 戴文鋒，《萬年縣治所考辨》（台南：台南縣政府，2009年）
23. 梁新人，《東萊史話：長山八島史事溯紀》（台北市：昊天傳播，1998年）
24. 羅景文〈庶民思維的城縣與家族歷史的承傳—左營舉人卓肇昌傳說研究〉（南投：台灣文獻，第六十卷第一期，2009年）
25. 陳柏棕〈若櫻的戰爭足跡—台灣海軍特別志願兵之部署與戰後復員(1945—1946)〉（台灣國際研究季刊，8卷2期，2012年，頁35-67）
26. 杜劍鋒，《舊城滄桑—鳳山縣舊城建城180週年懷舊》（高雄市：高雄市政府文獻會，2006年）
27. 許雪姬等合著，《鳳山縣舊城建城180週年學術研討會論文集》（高雄市：高雄市文獻會，2006年）
28. 王雅倫、林志明、商戌菡，曾芳玲合著；卓群、謝明學譯《約翰・湯姆生世紀影像特展》（高雄：高雄市立美術館，2012年）
29. 曾玉昆、高雄市政府文獻會，《高雄市各區發展淵源》（高雄：高雄市政府文獻會，2003年）
30. 高雄市政府文獻會，《96年度高雄市鹽埕、左營、楠梓、旗津、前金民俗集有關文物普查期末報告》（高雄：高雄市政府文獻會，2007年）
31. 李橙安，《高雄左營區鳳邑舊城城隍廟及其十三角落祭祀組織與活動》（高雄：麗安文化，2013年）
32. 侯淑姿，《老時光，好時光：左營眷村影像書》（台北市：田園城市，2014年）

33. 許雪姬、楊石明、楊雅婷採訪賺著，《鳳邑山長─曾玉昆老師專訪紀錄》（高雄：興隆淨寺，1999 年）
34. 簡錦松、高雄市文獻會，《高雄市地名與路街沿革史》（高雄：高雄市文獻會，2008 年）
35. 高雄市文獻會編，《高雄市區里沿革圖誌》（高雄：高雄市文獻會，2004 年）
36. 高雄市文獻會編，《高雄市文化資產採訪專輯》（高雄：高雄市文獻會，1982 年）
37. 高雄市文獻會編，《高雄市舊地名探索》（高雄：高雄市文獻會，1983 年）
38. 杜劍鋒著，《失落的桃子園》（高雄：高雄市文獻會，2004 年）
39. 楊玉姿，《高雄市史蹟探源》（高雄：高雄市文獻會，2003 年）

【方志古籍】

40. 蔣毓英，《福建通志台灣府志》
41. 高拱乾，《台灣府志》
42. 陳文達，《鳳山縣志》
43. 王瑛曾，《重修鳳山縣志》
44. 郁永河，《裨海紀遊》
45. 周鍾瑄，《諸羅縣志》
46. 黃叔璥，《台海使槎錄》
47. 王必昌，《重修台灣縣志》
48. 姚瑩，《東槎紀略》
49. 盧德嘉，《鳳山縣采訪冊》
50. 《淡水廳築城案卷》

國家圖書館出版品預行編目 (CIP) 資料

舊城尋路 : 探訪左營舊城 , 重現近代台灣歷史記憶 / 陸傳傑著 . -- 初版 . -- 高雄市 : 高市文化局 ; 新北市 : 木馬文化 , 2017.12
面； 公分
ISBN 978-986-05-4668-2(平裝)
1. 歷史地圖 2. 古地圖 3. 臺灣史

733.35 106023482

舊城尋路

探訪左營舊城，重現近代台灣歷史記憶

指導單位— 文化部、高雄市政府
出版單位— 高雄市政府文化局
發行人—— 尹立
承辦單位— 高雄市立歷史博物館
行政策畫— 楊仙妃
行政執行— 曾宏民、王興安、莊建華
地址——— 803 高雄市鹽埕區中正四路 272 號
電話——— (07)5312560
網址——— http://www.khm.org.tw

木馬文化事業股份有限公司
作者——— 陸傳傑
插畫——— 吳淑惠
總編輯—— 郭昕詠
副主編—— 賴虹伶
行銷經理— 張元慧
美術設計— 汪熙陵
排版——— 簡單瑛設

社長——— 郭重興
發行人兼出版總監—曾大福
地址——— 231 新北市新店區民權路 108-2 號 9 樓
電話——— (02)2218-1417
傳真——— (02)2218-8057
電郵——— service@bookrep.com.tw
郵撥帳號— 19504465
客服專線— 0800-221-029
部落格—— http://777walkers.blogspot.com/
網址——— http://www.bookrep.com.tw
法律顧問— 華洋法律事務所 蘇文生律師
印製——— 呈靖彩藝有限公司

ISBN 978-986-05-4668-2
GPN 1010601760
初版一刷 西元 2017 年 12 月
Printed in Taiwan

見城
本書為「再造歷史現場 - 左營舊城見城計畫」出版系列